U0644871

生活·读书·新知 三联书店

星云法语

06

做人四原则

正见

星云大师 著

图书在版编目(CIP)数据

做人四原则:正见/星云大师著.—北京:生活·读书·新知三联书店，
2015.5

(星云法语)

ISBN 978-7-108-05238-4

Ⅰ.①做…　Ⅱ.①星…　Ⅲ.①佛教－人生哲学－通俗读物
Ⅳ.①B948-49

中国版本图书馆 CIP 数据核字(2015)第 022413 号

责任编辑　罗　康
封面设计　储　平
责任印制　卢　岳　张雅丽
出版发行　生活·讀書·新知 三联书店
　　　　　(北京市东城区美术馆东街 22 号)
邮　　编　100010
印　　刷　三河市嘉科万达彩色印刷有限公司
版　　次　2015 年 5 月北京第 1 版
　　　　　2015 年 5 月北京第 1 次印刷
开　　本　880 毫米×1230 毫米　1/32　印张　7.75
字　　数　166 千字
印　　数　00,001—12,000 册
定　　价　28.00 元

总序　十把钥匙

星云大师

　　《星云法语》是我在台湾电视公司、"中国电视公司"、"中华电视公司"三十年前的"三台时代"，为这三家电视台所录像的节目。后来在《人间福报》我继《迷悟之间》专栏之后，把当初在三家讲述的内容，再加以增补整理，也整整以三年的时间，在《人间福报》平面媒体与读者见面。

　　因为我经年累月云水行脚，在各地的佛光会弘法、讲说，断断续续撰写《星云法语》，偶有重复，已不复完全记忆。好在我的书记室弟子们，如满义、满观、妙广、妙有、如超等俄而提醒我，《人间福报》的存稿快要告罄了，由于我每天都能撰写十几则，因此，只要给我三五天的时间，我就可以再供应他们二三个月了。

　　像这类的短文，是我应大家的需要在各大报纸、杂志上刊登，以及我为徒弟编印的一些讲义，累积的总数，已不下两千万字了。《星云法语》，应该说是与《迷悟之间》、《人间万事》同一性质的短文，都因《人间福报》而撰写。承蒙读者鼓励，不少人希望结集成书，香海文化将这些文章收录编辑，文字也有百余万字，共有十集，分别为：一、精进；二、正信；三、广学；四、智慧；五、自觉；六、正见；

七、真理；八、禅心；九、利他；十、慈悲。

这套书在《人间福报》发表的时候，每篇以四点、六点，甚至八点阐述各种意见，便于记忆，也便于讲说，有学校取之作为教材。尤其我的弟子、学生在各处弘法，用它作为讲义，都说是得心应手。

承蒙民视电视台也曾经邀我再比照法语的体裁，为他们多次录像，并且要给我酬劳。其实，只要有关弘法度众，我都乐于结缘，所以与台湾的四家无线电视台都有因缘关系。而究竟《星云法语》有多大的影响力，就非我所敢闻问了。

承蒙知名学者李家同教授、洪兰教授、台中胡志强市长，以及善女人赵辜怀箴居士，为此套书写序，一并在此致谢。

是为序。

于佛光山开山寮

推荐序一　宗教情怀满人间

李家同

星云大师的最新著作《星云法语》十册套书，香海文化把部分的文稿寄给我，邀我为序。8 月溽暑期间，我自身事务有些忙碌；但读着文稿里星云大师的话，却能感觉到欢喜清凉。

《星云法语》里面有一篇我很喜欢，其中写道："要有开阔包容的心胸、要有服务度生的悲愿、要有德学兼具的才华、要有涵养谦让的美德。"

多年来我从事教育工作，希望走出狭义的精英校园空间，真正帮忙各阶层弱势学生。看着莘莘学子，我想我和星云大师的想法很接近吧，就是教育一定要在每个角落中落实，要让最弱势的学生，能个个感受到不被忽略、不受到城乡资源差别待遇。

青年教育的目的，不就是教育工作者，希望能教养学生，成为气度恢弘的国民吗？

为勉励青年，星云大师写下"青年有强健的体魄，应该发心多做事，多学习，时时刻刻志在服务大众，念在普度众生，愿在普济社会"。

星云大师的话，让我想起《圣经》里的箴言：

"有了信心，又要加上德行；有了德行，又要加上知识；有了知识，又要加上节制；有了节制，又要加上忍耐；有了忍耐，又要加上虔敬；有了虔敬，又要加上爱弟兄的心；有了爱弟兄的心，又要加上爱众人的心。"（《圣经·彼得后书》）

宗教情怀，就是超越一切的普济精神。人间的苦难，如果宗教精神无以救济，那么信仰宗教毫无意义。不论是佛陀精神，或是基督精神，以慈爱的心处世，我想原则上没有什么不同。尤其是青年人，更应细细体会助人爱人的真谛，在未来起着社会中坚的作用。这样，我们现在办的教育，才真正能教养出"德学兼具"的青年，让良善能延续，社会上充满不汲汲于名利，助人爱人的和谐气氛。

香海文化出版的《星云法语》，收录了精彩法语共计 1080 篇，每一篇均意味深长，适合所有人用以省视自己，展望未来。"现代修行风"不分基督、佛陀，亲切的圣人教诲，相信普罗大众都很容易心领神会。

如今出版在即，特为之序。

（本文作者为台湾暨南大学教授）

推荐序二　安心与开心

洪　兰

　　在乱世，宗教是人心灵的慰藉，原有的社会制度瓦解了，一切都无法制、无规章，人民有冤无处伸，只有诉诸神明，归诸天意，以求得心理的平衡。所以在东晋南北朝时，宗教盛行，士大夫清谈，把希望寄托在另一个世界。历史证明那是不对的，这是一种逃避，它的结果是亡国。智者知道对现实的不满应该从改正不当措施做起，众志可以成城，人应该积极去面对生命而不是消极去寄望来生。星云大师就是一个积极入世的大师，他在海内外兴学，风尘仆仆到处弘法，用他的智慧来开导世人，他鼓励信徒从自身做起，莫以善小而不为，当每个人都变好时，这个社会自然就好了。这本书就是星云大师的话语集结成册，印出来嘉惠世人。

　　人在受挫折、有烦恼时，常自问：人生有什么意义，活着干什么？大师说，人生的意义在创造互惠共生的机会，这个世界有因你存在而与过去不同吗？科学家特别注重创造，就是因为创造是没有你就没有这个东西，没有莫扎特就没有莫扎特的音乐，没有毕加索就没有毕加索的画，创造比发现、发明的层次高了很多，人到这个世上就是要创造一个双赢的局面，不但为己，也要为人。英文谚语有一句：Success is when you add the value to yourself. Significance is when you add the value to others. 只有对别人也有利时，你的成功才是成功。所以大师说，生命在事业中，不在岁月上；在思想中，不在气息上；在感觉中，不在时间上；在内涵中，不在表相上。这是我所看到谈生命的意义最透彻的一句话。

挫折和灾难常被当作上天的惩罚，是命运的错误；其实挫折和灾难本来就是人生的一部分，不经过挫折我们不会珍惜平顺的日子，没有灾难不会珍惜生命。人是高级动物，是大自然中的一分子，不管怎么聪明、有智慧，还是必须遵行自然界的法则，所以有生必有死，完全没有例外。但是人常常参不透这个道理，历史上秦始皇、汉武帝这种雄才大略的人也看不到这点，所以为了求长生不老，倒行逆施，坏了国家的根基，反而是修身养性的读书人看穿了这点。宋代李清照说"今手泽如新，而墓木已拱……然有有必有无，有聚必有散，乃理之常。人亡弓，人得之，又胡足道"。看透这点，一个人的人生会不一样，既然带不走，就不必去收集，应该想办法去用有限的生命去作出无限的功业。

一个入世的宗教，它给予人希望，知道从自身做起，不去计较别人做了什么，只要去做，世界就会改变。最近有法师用整理回收物的方式带信徒修行，他不要信徒捐献金钱，但要他们捐献时间去回收站做义工，从行动中修行。我看了这个报道真是非常高兴，因为研究者发现动作会引发大脑中多巴胺(dopamine)这个神经传导物质的分泌，而多巴胺跟正向情绪有关，运动完的人心情都很好，一个跳舞的人即使在初跳时，脸是板着的，跳到最后脸一定是笑的。所以星云大师劝信徒，从动手实做中去修行是最有效的修行，对自己对社会都有益。

在本书中，大师说生活要求安心，心安才能体会人生的美妙，才听得到鸟语，闻得到花香，所以修行第一要做到心安，既然人是群居的动物，必须要和别人往来，因此大师教导我们做人的道理，列举了人生必备的 10 把钥匙，书的最后两册是要大家打开心胸，利他与慈悲，与一句英谚 You can give without loving, you can never love without giving 相呼应。不论古今中外，智者都看到施比受更有福。

希望这套书能在目前的社会中为大家浮躁的心灵注入一股清泉，人生只要心安，利人利己地过生活，在家出家都一样在积功德了。

（本文作者为台湾阳明大学神经科学研究所教授）

推荐序三　法钥匙神奇的佛

胡志强

星云大师，是我一直非常尊敬与佩服的长者。

长久以来，星云大师所领导主持的佛光山寺与国际佛光会，闻声救苦，无远弗届，为全球华人带来无尽的希望与爱。

大师的慈悲智慧与宗教情怀，让许多人在彷徨无依时，找到心灵的依归。另一方面，我觉得大师潇洒豁达、博学多闻，无论是或不是佛教徒，都能从他的思想与观念上，获得启迪。

星云大师近期出版的《星云法语》，收录了大师 1080 篇的法语，字字珠玑，篇篇隽永。

我很喜欢这套书以"现代佛法修行风"为诉求，结合佛法与现代人的生活，深入浅出地阐释。尤其富有创意的是，以十册"法语"打造了十把"佛法钥匙"，打开读者心灵的大门，带领我们从不一样的角度，去发现与体会生活中的点点滴滴。

以《旅游的意义》这篇文章为例：

"……就像到美国玩过，美国即在我心里；到过欧洲度假，欧洲也在我心里，游历的地区愈丰富，就愈能开阔我们的心灵视野。

当我们从事旅游活动时，除了得到身心的纾解，心情的愉悦之外，还要进一步获得宝贵的知识。除了外在的景点外，还可以增加一些内涵，作一趟历史文化探索之旅，看出文化的价值，看出历史的意义。

比方这个建筑是三千年前，它历经什么样的朝代，对这些历史文化能进一步赏析后，那我们的生命就跟它连接了。"

"我们的生命就跟它连接了"这句话，让我印象十分深刻，生动描述了"读万卷书，行万里路"，正是一种跨越时空的心灵宴飨。

在《快乐的生活》一文中，大师指点迷津。他说："名和利，得者怕失落，失者勤追求，真是心上一块石头，患得患失，耿耿于怀，生活怎么能自在？"

因此"身心要能健康，名利要能放下，是非要能明白，人我要能融和"。

在《欢喜满人间》这篇文章中，大师指出：人有很多心理的毛病，例如忧愁、悲苦、伤心、失意等。佛经形容人身难得如"盲龟浮木"，一个人在世间上一年一年地过去，如果活得不欢喜，没有意义，那又有什么意思？如何过得欢喜、过得有意义？

他提出几点建议："要本着欢喜心做事，要本着欢喜心做人，要本着欢喜心处境，要本着欢喜心用心，要本着欢喜心利世，要本着欢喜心修行。"

看到此处，我除了一边检视自己在日常生活中做到了多少？另一方面，也希望把"欢喜心"的观念告诉市府同仁，期许大家在服务市民时认真尽责之外，还能让民众体会到我们由衷而发的"欢喜心"。

而《传家之宝》一篇中所提到的观点，也让为人父母者心有戚戚焉。

大师说：一般父母，总想留下房屋田产、金银财富、奇珍宝物给子女，当作是传家之宝；但是也有人不留财物，而留书籍给予子女，或是著作"家法""庭训"，作为家风相传的依据。乃至禅门也有谓"衣钵相传"，以传衣钵，作为丛林师徒道风相传的象征。

他认为"传家之宝"有几种：包括宝物、道德、善念与信仰。到了现代，书香、善念、道德、信仰更可以代替钱财的传承，把宗教信仰传承给子弟，把善念道德传给儿孙，把教育知识传给后代。

"人不能没有信仰，没有信仰，心中就没有力量。信仰宗教，如天主教、基督教、佛教等，固然可以选择，但信仰也不一定指宗教而已，像政治上，你欢喜哪一个党、哪一个派、哪一种主义，这也是一种信仰；甚至在学校念书，选择哪一门功课，只要对它欢喜，这就是一种信仰。有信仰，就有力量，有信仰，就会投入。能选择一个好的宗教、好的信仰，有益身心，开发正确的观念，就可以传家。"

细细咀嚼之后，意味深长，心领神会。

星云大师一千多篇好文章，深刻而耐人寻味，我在此只能举出其中几个例子。很感谢大师慷慨分享他的智慧结晶，让芸芸众生也有幸获得他的"传家之宝"。

在繁忙的生活中，每天只要阅读几篇，顿时情绪稳定、思考清明、心灵澄静。有这样的好书为伴，真的"日日是好日"！

（本文作者为台中市市长）

推荐序四　人生的智慧和导航

赵辜怀箴

　　我一直感恩自己能有这个福报，多年来能跟随在大师的身边，学习做人和学习佛法。每一次留在大师身边的日子里，都可以接触到许多感动的心，和感动的事；每一次都会让我感觉到，这个世界真的是非常的可爱。

　　大师说：他的一生就是为了佛教。这么多年来，大师就这样循循地督促着自己，为此，马不停蹄地一直在和时间做竞跑。大师的一生，一向禀持着一个慈悲布施、以无为有的胸怀，做大的人，做大的事。如果想要问大师会不会和我们一样斤斤计较？我想他唯一真正认真计较的事，就是，对每一天的每一分和每一秒吧！

　　在大师的一生里，大师从来不允许自己浪费任何一分一秒的时间；无论是在跑香、乘车、开会、会客或者进餐；大师永远都是人在动，心在想，手在做，眼观六路，耳听八方，把1分钟当10分钟用；在高效率中不失细腻，细腻中不失大局，大局中不失周全；周全里，充满了的是大师对每一个人无微不至的关怀和体贴。

　　大师自从出家以来，只要是为了弘法，大师从来不会顾及自己的健康和辛苦，数十年如一日，南奔北走，不辞辛劳地到处为信徒

"

开示演讲；只要有多余的时间，大师就会争取用来执笔写稿；年轻时也曾经为了答应送一篇文稿给出版社，连夜乘坐火车，由南到北。大师从年轻时就非常重视文化事业，大师也坚信用文字来度众生的重要。大师一生一诺千金，独具宏观，不畏辛苦，忍辱负重，在佛教界树立了优良的榜样，对现代佛教文化事业得以如此的发达，具有相当肯定的影响力。到目前为止，大师出版的中英文书籍，已经不下数百本。

记得在 20 世纪 60 年代的时候，大师鉴于电视弘法不可忽视的力量，即刻决定要自己出资，到电视公司录制作晚上 8 点档的《星云法语》，使其成为台湾第一个在电视弘法的节目。我记得大师的《星云法语》是在每天晚间新闻之后立即播出，播出的时间是 5 分钟，节目的制作，既"精"又"简"。节目当中，配合着简单明了的字幕，听大师不急不缓地娓娓道来，让观众耳目一新，身心受益。

这个节目播出之后，立即受到广大观众的喜爱和回响。大师告诉我，在节目播出之后不久，由于收视率很好，电视公司自动愿意出资，替大师制作节目；大师从此不但有了收入，也因此多了一个电视名主持人的头衔。这个《星云法语》的电视节目，也就是今天所出版的《星云法语》的前身。

佛光山香海文化公司精心收录的《星云法语》即将出版。这一条佛法的清流，是多年来星云大师为了这个时代人心灵的需求，集思巧妙地运用生活的佛教方式，传授给我们无边的法宝。每一篇，每一个法语，星云大师都透过对细微生活之间的体认，融合了大师在佛法上精深的修行智慧。深入浅出地诠释，高明地把佛法当中的精要，很自然地交织在生活的细致之间，用生活的话，明白地说出现代佛法的修行风范，让读者有如沐浴在法语春风之中的感觉，很自然地呼吸着森林里散发出来的清香，在每一个心田里默默地深耕着。等待成长和收割的喜悦，沐浴着太阳和风，是指日可待的。

今承蒙香海文化公司的垂爱，赐我机会为《星云法语》套书做序，让我实在汗颜；几经推辞，又因香海文化公司的盛情难却，只有大胆承担，还请各位前辈、先学指正。我在此恭祝所有《星云法语》的读者，法喜充满。

（本文作者为国际佛光会世界总会理事）

目　录

卷一　四法最上

卷四　处众四法

卷一 ｜ 四法最上

佛法僧三宝，以法为尊；

法之所在，最为尊贵。

佛法是宇宙人生的真理，

是帮助我们解脱自在的慈航。

四法最上

《阿含经》是佛教传说最早的经典，也是原始佛教的重要思想依据，里面充满了人间佛教的教义与精神。《阿含经》共分四部，分别是《长阿含经》《中阿含经》《增一阿含经》《杂阿含经》。在《长阿含经》里有一段经文说"四法至上"，意思是有四种佛法，对于我们的生活至为重要。

所谓"四法最上"，有四点说明：

第一，布施者得福

谈到布施，一般人的观念总认为布施是给人，其实布施最大的受惠者是自己。布施如播种，日后必有收成。布施是世间最有保障的投资，不管财施、法施、无畏施，布施就能得到福报，所以又称为"种福田"。佛教有谓"八福田中，看病第一福田"，又说"心田事不同，果报分胜劣"，其实不管是圣贤、父母、贫病，只要诚心布施，都是无上的福田。布施表示自己富有，一个人如果天天仰赖别人，接受别人的布施，表示自己贫穷、不足，所以人要欢喜布施，越是喜舍布施，就越有福报。

第二，慈心者无怨

佛教以慈悲为本，所以又称为慈悲之教。慈悲之心是一切万物所以生生不息的泉源，慈悲是人性光辉的流露，慈悲如良药，可以医治嗔恚之病，人与人之间所以纷争不断，国与国之间所以战祸连年，都是起于嗔心。一念的慈悲，可以化除嗔恨，如果我们待人接物、讲话行事，都能存着一颗慈悲之心，不但不会树敌，自己也会心甘情愿，无怨无尤，因为"一人慈悲，众皆伴侣；万人慈悲，法界一如"。

第三，为善者销恶

佛经云"凡夫众生，举心动念，无非是业"。业有善业、恶业、无记业，凡人一旦造下善恶业因，必然招感相应的善恶果报，所以说：已种恶因，分受其报，不能以做好事来抵销应得的恶报。但是佛教有一个了不起的法门，就是通过忏悔行善，多聚善缘，可以使恶报由重转轻；或者让善缘增多，善力加强，可令善果快速成熟，使恶缘的力量逐渐减弱。譬如一杯盐水，如果多添加善因的淡水，就可以冲淡恶果的咸味。又如一田秧苗，只要不断地施肥灌溉，当秧苗长大茁壮，底下纵有一些稗草，也起不了作用。所以有了罪业不可怕，重要的是多做善事功德；有了善因善缘，一样可以消融恶业。

第四，离欲者无恼

世间的人每天种种营求，都是为了追求五欲六尘之乐。但是欲壑难填，欲望永远没有满足的一天，所以欲望愈多，烦恼也愈多。甚至有时在追求欲乐的同时，已经造下了罪业的苦果，因此，世间的五欲之乐，只能说是一半乐，一半苦，苦乐参半，因为"欲乐"有污染性、有短暂性、有不确定性。自古以来圣贤都教诫大家不可以纵欲，佛教虽然不完全要人禁欲，但是欲需要疏导，欲海波澜，需要导之以正，所以应该追求"善法欲"，远离"污染欲"。当我们离开不当的污染欲，也就等于远离了烦恼束缚，那是何等的解脱自在呢？

佛法僧三宝，以法为尊；法之所在，最为尊贵。佛法是宇宙人生的真理，是帮助我们解脱自在的慈航，所谓"自依止，法依止，莫异依止"。所以，《长阿含经》的"四法最上"，可以作为我们生活的圭臬。

四心（一）

心，竖穷三际，横遍十方。心之妙用无穷，我们的心可以记忆，可以想象，可以感受，可以思考，举凡一切理解、分辨、醒悟，都要靠心。人心海底针，有时连自己也摸不清，一下子欢喜，忽然又变得哀伤，今天大发慈悲，明天可能又吝啬算计。心念如何影响我们呢？

第一，疑心，会破坏感情

俗话说人心隔肚皮，知人知面不知心。许多人因为不敢信任他人，疑神疑鬼，所以好朋友成仇人，至亲骨肉变冤家，善意被扭曲成假惺惺，帮助被嗤为设圈套，赞美也被理解成讽刺。当疑心作怪时，要用真诚来破除。过去萧王刘秀对投降的敌人，如自家人般地推心置腹，让所有兵将都愿意为他卖力，最后终于成为开国之君。

第二，信心，能凝聚共识

没有信心的人，遇到事情常常胆怯畏缩；连自己都没有把握，当然也没有人肯依附、跟进。有信心就有力量，有信心就会充满希望，即使遭遇逆境困难，也会激发潜能，勇往直前。例如战国时代，齐国的田单复国、越王的卧薪尝胆，都是因为领导者有信心，所以能凝聚大家的共识，齐心努力，共同成就大业。

第三，嗔心，会瓦解人性

一个嗔恨心重的人，容易迁怒他人，稍有不如意，就和别人起冲突。比如有的人由于爱情不如意，妒火中烧，竟杀害自己曾经深爱的人。嗔恚就像烈火一样，小则灼伤自己，大则毁灭整个世界，把过去种种的功绩，焚毁殆尽。嗔心可以用慈悲心来对治，有了慈悲心，会爱人如己，不仅爱人、爱动物，也会爱世间的一切。

第四，爱心，能营造和平

爱心是一种守护万物的心，儒家说："老吾老以及人之老，幼吾幼以及人之幼。"家庭里有爱，就能多一点体贴、温暖；邻里间有爱，就能多一点支援、关心；各种族之间有爱，就能多一点往来；国际之间多一点爱心，就能少一点冲突，和平共处。

心是行为的领导，是生活的指挥。恶心会破坏一切，泯灭善良，善心能添增世间无限的芬芳，心存好心，则所做的都是善事，所讲的也是好话。

四心（二）

每一个人，只有一个心，可是一个心，却能够依不同的环境产生很多不同的"心"，譬如有好心、坏心、善心、恶心、真心、假心等，当每个人面对个人、父母、社会、国家、人间及世界时，我们要以何种心来自处？以下提供四点参考：

第一，真心献给国家

国家是孕育人民的地方，每一个人都有属于他自己的国家，没有国家的人民，犹如失根的兰花；宋朝画家郑思肖画兰，连根带叶均飘于空中，比喻"国土沦亡，无所依附"。所谓"没有国，哪有家"，所以，人人应以真心捍卫国家，以真心奉献国家。

第二，孝心奉给父母

父母无私无悔，含辛茹苦抚养子女，从不求回报。《佛说父母恩重难报经》说："父母恩德，无量无边，不孝之愆，卒难陈报"。说明父母之恩，浩瀚崇高。如何孝顺父母，孝经说："孝者有三，上者尊亲，其次弗辱，其下能养。"所以古代二十四孝中，老莱子戏彩娱亲；朱寿昌弃官寻母，都是事亲至孝的最佳写照。

第三，慈心传给社会

老师传授知识给学生，技师传授技艺给学徒，而每个人应将慈悲心传给社会，因为慈悲心，能化干戈为玉帛，消除怨怼于无形；慈悲心，能将逆境转为善缘，成就事业普利众生。所以慈悲心是家庭幸福美满的动力，是社会安和乐利的基石，是国家繁荣进步的要素，是宇宙生生不息的泉源。

第四，信心留给自己

信心是进取的力量，自卑是人生最大的跨栏，是走向成功的绊脚石。拥有信心才能释放自己的力量。所以有自信心的人胆大英勇、坦诚开朗、乐观豁达、谦虚热情；有信心的人热爱生活、无所畏惧、快乐积极。美国人约翰·富勒出身贫寒，却有"虽然我不能成为富人的后代，但我可以成为富人的祖先"的信心，12 年后成为大企业家。所以自己要搭乘信心之船，才能乘风破浪，抵达彼岸。

"心"是我们的主人，心能生出万法，我们必须将这四种不同的心，依各种不同的场合加以应用，发挥它的功能，带动大家的参与，如此才是世间之福。

坚固四心

俗话说："天下无难事，只怕有心人。"一个人学习任何事情，无论是学业还是事业，甚至是修行的道业，要有所成就，都必须有"心"。如政治领袖，拥有胸怀天下、民胞物与的心；认真学业的人，怀有奋发勤勉、广学多闻的心；成就菩萨道的人，大慈大悲，抱持救度众生的心。心有很多，以下提出坚固四心：

第一，信仰要有真心

信仰的美，在于能开发心地，将心中的财宝发掘出来。真心学佛、有信仰的人，他的身口意，全都皈敬三宝，他会效法普贤菩萨，用身体去实践佛法；效法富楼那尊者，不畏蛮凶，说法度众。如果我们在行住坐卧当中，念念都与佛相应，处处不离佛心，就是有真心的信仰了。

第二，求法要有耐心

一个修道人，要养成逆来顺受的胸襟，凡事都以心甘情愿的态度去接受。信仰如靠山，求法如爬山，总要历经一番煎熬与磨炼，方能学有所成，所以要有耐心。如过去的浮山远禅师、汾阳禅师为求佛法，不远千里寻访名师，他们不惧呵斥驱逐，不畏艰难挫折，终于成为一代禅师。

第三，修道要有恒心

修道需要实际的体验，日修月修年年修，朝夕惕厉不变心，才是有恒心的修道。现代人往往不耐烦、无恒长心，过去南泉普愿禅师 30 年不下南泉、无门慧忠国师 40 年不离党子谷，庐山慧远大师终生不过虎溪，他们都是修道者的楷模。菩萨不也是经过三大阿僧祇劫，才能成佛吗？所以修道要有恒心，才能成就。

第四，护法要有热心

护教、护法与弘法同等重要，护法要有热忱，甚至能为信仰、为真理、为佛教而牺牲奉献。近代的章太炎、吕澄、蒋维乔等佛教学者，致力佛学之钻研；孙张清扬居士护持佛教、三宝不遗余力，抢救僧伽于囹圄之中，则是台湾佛教开拓初期的护法功臣。

"置心一处，无事不办"，不论做事或修行，真心、耐心、恒心、热心，都是不可缺少的。

人之四心

每个人都有一颗心，不过这一颗心如果没有照顾好，就会变化出许多不好的心来，诸如妄想心、无明心、嗔恨心、嫉妒心，乃至消极、颓唐、悲观、失望的心。佛教说，心如工画师，能画种种画；心能变坏，也能变好。所以"人之四心"，有慈悲心、智慧心、明理心，也有贪嗔之心。说明如下：

第一，慈悲是恻隐之心

你有慈悲心吗？一个人，可以什么都没有，但不能没有慈悲心。有的人，钱财没有了，房屋被人侵占了，值钱的东西也都给人偷走了。但是只要你有一颗慈悲心，这是别人偷不去的。慈悲之心就是恻隐之心，就是关怀别人、悲怜众生的心。所谓"老吾老以及人之老，幼吾幼以及人之幼"，这就是慈悲之心；见到别人生老病死，能有一种感同身受的心，这么一念慈悲的恻隐之心，就能与天理契合。

第二，明理是辨别之心

你有明理心吗？你明什么理呢？最要紧的先要明白善恶之道。什么是善？什么是恶？凡是于人有利的，就是善行；凡是对人有损的，就是恶行。平常我们偶尔会做一些损人又不利己的事，这就是恶行；如果损己而能有利于人，这就是最好的善行。你能明白善恶、明辨是非，就是明理；善恶不分，理路不清，就是无明，就不是一个健全的人。

第三，愚痴是贪嗔之心

你有愚痴心吗？愚痴心就是邪知邪见，就是贪欲嗔恨，就是对人没有礼貌，所以说是"无明"。无明的人，遇事不明原因，只怪结果，那就是愚痴了。

第四，智慧是善美之心

你有智慧心吗？有智慧的人，就能明白是非好坏，就能懂得评断善恶，就会知道如何取舍，这就是智慧。有智慧才能透彻宇宙真相，才能知苦灭苦，才能观空自在。

心如工厂，好的心制造好的产品，不好的心，只会制造污染源。人的心很多，如果人人都能把心调整一下，把不好的心改成善美的心，并且都能明白自己的心，掌握自己的心，便能做自己的主人。所以我们对于人之四种心，要能了解、认识、明白、辨别，那我们就能知道自己的人生该何去何从了。

生活四心

心，有污染心、清净心；分别心、平等心；愚迷心、觉知心。心，还可分为虚妄心与真如心。虚妄的心就是污染心、分别心、颠倒心；真如心就是慈、悲、喜、舍四无量心。四无量心，能产生一切福德智慧，能利益安乐无量众生。在我们的日常生活中，如何以四无量心作为立身处事的根本呢？有四点意见：

第一，处事要有慈心

待人处事要本着一颗仁慈的心，仁慈的心就是给人欢喜、给人安乐的心，而且是能体谅他人、肯为别人服务的心。有了慈心，在处事时，就能退让包容，对别人不利之事，就不会放任而行。《大学》说"止于至善"，就是要我们以仁慈之心利益众生，使众生得到欢乐；以纯善之心乐于公益，让众生得到帮助。

第二，助人要有悲心

人要有悲天悯人的心，悲心，就是帮助别人离苦得乐的心，就是像观世音菩萨救苦救难的心。帮助别人时，有悲心才能不在乎个人的利害得失，才能全心全力为众生去除困难；对于世间一切痛苦，才能没有贵贱怨亲的分别，而以平等之心施以救济，就如太阳，不求回馈而无私地普照世间。所以，助人时要怀着悲心，才能无私地救助他人。

第三，做事要有喜心

你每天工作有欢喜心吗？还是心不甘、情不愿，一点也不快乐？做事时，"心甘情愿"才会让自己快乐；满心欢喜地去待人处事，才能让人感到真诚。做事不欢喜，就会容易感到疲累与辛苦，你带着欢喜心，别人也会因你的欢喜而感到快乐，如此事情做得再多也不觉得累。如驼标比丘，30 年的岁月以欢喜心为人提灯笼照路，迎送挂单的人，而让自己与他人都得到了利益。

第四，修行要有舍心

你想要修行吗？你想要修身养性吗？修行与修身都要有舍心。舍心就是要能放得下，要能看得开，要能不计较，不自我执着；修身就是要舍弃不良的嗜好、舍弃不善的行为。语云："舍才能得"，如果你能经常主动地给人一个微笑、主动地去帮助别人，相信必能获得更多的善意响应。

慈悲喜舍"四无量心"是菩萨普度众生所应具备的四种精神，也是每个人生活中都应该具备的四种心。

四心妙用

四心，就是四无量心，也就是慈心、悲心、喜心、舍心。修习四无量心能够改善人际关系，至于如何在生活中发挥"四心的妙用"，有四点意见提供参考：

第一，慈心能降伏一切恶霸

《出曜经》说："不可怨以怨，终已得休息。"当我们遇到一些蛮横不讲理的恶霸时，如果同样以怒目相向、以拳头棍棒回击的话，只会造成两败俱伤，而且结怨结仇。反之，柔能克刚，面对恶势力时，如果你能生起宽恕他、同情他的慈心，就有降伏他的力量。如印度波罗奈国有位忍辱仙人，因迦叶王怀疑他不清净，截去他的手足与耳鼻，仙人当下发起慈悲心，愿成佛后首先度化迦叶王，终于感得迦叶王生起忏悔之心，并且发心供养他。所以，以慈心就能降伏一切恶霸。

第二，悲心能远离一切邪恶

如果遇到了邪恶的人、邪恶的事，我们要有悲悯的心，才能远离邪恶，甚至化邪恶为善美。为什么呢？佛门中的怒目金刚，就是以悲悯之心，现怒目之相来卫护佛教，让邪魔不敢猖狂。印度的阿育王，威勇善战，所战皆捷，但生性残忍好杀，后来他信奉佛教后，一改往昔的暴戾，兴慈悲，施仁政，因而德风远播。其他如佛陀的弟子舍利弗、富楼那，都是以悲心投身蛮地，化导愚迷，折服外道，所以，有了悲心就能让邪恶远离。

第三，喜心能善愿所求如意

社会上有些人喜欢幸灾乐祸，看到自己讨厌的人受难，心中就暗自欢喜；反之，看到别人有所成就，便心生嫉妒。但具有“喜心”的人，只要看到他人努力有成，不管冤亲，都会生起欢喜之心。这样的人，只要有人找他帮忙，他一定满心欢喜地全力以赴，当别人有所成就时，他也会同感荣耀。即使自己没有名利地位，他也不失欢喜之心；纵使自己贫无立锥之地，还是甘之如饴。因为他能常保欢喜之心，即使遇到困难，也能欢喜克服，所以能善愿所求如意。

第四，舍心能获得自在解脱

舍是舍掉自己的分别与执着，舍是舍掉自己的贪爱与束缚；舍就是将欢喜给人、将希望给人，甚至自己最喜欢的东西，都能舍得给人，如此就能克制贪欲，得到自在解脱了。就如金碧峰禅师，舍去了对玉钵的贪爱，才能免遭无常鬼的追捕。所以，能舍的人，才能获得自在解脱。

《华严经》云：“常行柔和忍辱法，安住慈悲喜舍中。”慈悲喜舍是我们依止安住的所在。

四心良药

人心有善有恶、有好有坏，甚至忧悲苦恼、欢喜快乐，都是由心生起。人常常因一念心中善恶交织、忧喜参半，甚至处在"天人交战""自我拔河"的状态而苦不堪言。不过，人心虽然有时会起恶造罪，所谓"披毛戴角因它起"，但是"成佛作祖也由它"。所以，人只要善于治心，把心调适好，有时它也是治疗人生之病的良药。

举出"四心良药"说明如下：

第一，用菩提心对治烦恼

人因为无明而烦恼，烦恼是人生的大敌，经常扰乱我们的心，让我们不得安宁。学佛就是要降伏烦恼魔军，所谓"转烦恼为菩提"。菩提就是正知、正觉，只要发起正觉的菩提之心，让贪嗔愚痴无所遁形，烦恼就无由生起。所以，用正知、正见、正觉的菩提心，可以对治烦恼，让我们的人生更美好。

第二，用宽恕心包容异己

世间最具有毁灭性的力量是什么？就是仇恨。仇恨是由于不懂得宽恕而来。我们对于不同思想、不同性格、不同作风，甚至跟我们唱反调的人，如何相处？跟他打架吗？跟他斗争吗？那太辛苦了。唯有用宽恕的心去包容不同于我的人；包容他，就不会产生敌对，就能消除仇恨、怨怼。所以，用宽恕的心包容异己，世界才能和平。

第三，用勇猛心克服困难

困难是成功的试金石，做事能坚持到底，并且努力克服困难的人，就是成功；反之，被困难击倒，就是失败。如何突破困难？要有勇猛精进的心。所谓"勇猛心"，就是有向困难挑战的信心与毅力，不会因为小小的困难就退缩、气馁，甚至轻言放弃。

在人生的路上，来自人情的、社会的、自然的，甚至自我加诸自己的困难，不断纷至沓来，如果我们没有坚强的信心与毅力，很容易就被困难所击败，所以要用勇猛心来克服困难，才能成功有望。

第四，用知足心惜福结缘

人生最大的快乐，就是"知足"。所谓"知足常乐"，知足的人，虽卧地上也如天堂；不知足的人，虽在天堂犹如地狱。人生懂得知足很重要，一个知足的人，必常心存感恩，他感谢社会大众给我的帮助、利益、好处，因此知道要惜福惜缘，同时也要奉献、回馈社会；如此广结善缘，自己会更有人缘。所以，用知足之心惜福结缘的人，会让自己更富有。

人的身行、口言，都是由心念所主宰，心的一念，可以让我们上天入地，甚至在十法界里来回游走，所以二六时中，要善护心念，让自己常存菩提、宽恕、勇猛、知足之心，成为疗病之良方。

心的四要

　　我们的身体每日要活动，甚至嘴要吃，眼要看、耳要听、鼻要呼吸、舌要尝味等；五根正常运作，身体才会健康，生活才会正常。此外，我们的心要清明、心要自在、心要慈善、心要柔软，才是健康的人生。如何达到"心的四要"？有四点：

第一，心要自在，就要无私

　　人生最重要的是生活要自在，心灵要自由，精神要解脱；我们的心如果不自在，就像被人捆绑、束缚了，就像被拘押、囚禁了，很不自在。所以，人要活得快乐，就是要自在。观世音菩萨有一个名字叫"观自在"，因为他观人自在、观事自在、观心自在，故能自在；一般凡夫常常喊"苦啊、苦啊"，就是不自在。

　　怎样才能自在呢？先要无私。一个人所以不自在，都是由于私心太重，只顾个人，不管别人，自然不得自在；没有私心，才能自在。

第二，心要清明，就要无欲

　　空气清新，呼吸才能舒畅，灯光明亮，精神才能振奋；一个人的心要清明，人格才能高尚。心要如何才能清净光明？先要无欲。

欲望就等于尘埃，明镜蒙尘，就不能照物；心被物欲所覆，就不能清澈明亮，就看不到自己的本来面目，就会迷失自己。所以，人要保有一颗清明的心，首先要能无欲。

第三，心要慈善，就要利他

做人心地善良，不为非作歹、于人有害，自然不会招灾惹祸，前途才会平安、顺利。因此，慈悲、厚道的人，虽然有时看似被人欺负，但从因果法则来看，终究不会吃亏。人要如何培养慈悲善良的心？要有利他的精神，不但别人有难时，主动给予协助，帮人解危脱困，甚至凡有所做，都能想到利益别人。一个心中有人、乐于助人的人，必是慈悲的善心人士。

第四，心要柔软，就要感恩

佛教里有一种"禅坐"的修行法门，禅坐是一种心地功夫，除了腿子要软，性情也要软，心地更要柔软。一个心地柔软的人，凡事容易感动，别人有恩于他，固然感恩，别人伤害了他，他也能慈悲包容，不起怨恨、嗔心。所以，心地柔软的人，就像海绵容易吸水，自然不会枯竭。

我们的心，要像过滤器，好的、善的、美的、真的事要记在心里；恶的、劣的、丑的、假的事，要过滤掉。时时保持一颗清净、善良且有弹性的心；因有弹性，待人处事自然会柔软而不会伤人。

四不与四有

人生要有什么，不要有什么？佛教的五戒约束我们，不要乱杀、不要乱取、不要乱淫、不要乱说、不要乱吃，因为有五戒的"不"，就会"有"所得，例如不乱杀生就能长寿，不乱取就会得到法财，不乱淫就能家和，不乱说就有好名誉，不乱吃身体就能健康。此外，另有"四不与四有"：

第一，遇事不惑有智

遇到事情，有明鉴之识，能洞察时事的变化，预知祸福休咎的洞察力，就是有智慧。像东汉光武帝刘秀，当初自己的亲兄长被杀，若不是因隐忍不惑，得到刘玄帝的信任，怎能兴汉，继而以柔道得天下呢？所以我们在面临纷杂之事时，不能慌乱、迷惑，要用智慧去处理。

第二，犯难不避有节

当一个人在穷途末路、艰难困苦的时候，"居乱世能生死不改其守者"，犹如烈女不嫁二夫，忠臣不事二主，都是坚强的意志力在支撑着。像文天祥忠于南宋，虽为元军所俘，多番劝降，百般折磨，又被长期囚禁于潮湿阴暗的囚牢里，他只求速死而不屈，其从容就义的精神，为人间留下浩然的正气。这种危难之中不逃避的节操，受到后人无限的景仰。

第三，临财不私有廉

东汉时期的杨震，是明经博览的经学家，曾被誉为"关西孔子"，他虽曾做过朝廷显赫的太尉官职，但始终过着俭朴的生活。有一天，受他举荐任仕的学生王密前来拜见，临走前留下黄金十斤，杨震说："你知道我的为人，怎还这么做？"王密说："晚上没有人会知道的。"杨震说："天知、地知、我知、你知，何谓无知！"王密听了之后，只得惭愧地离开了。一个人面临这种状况，能没有私心，不想私取，不想侵吞，就是有廉洁的人格了。

第四，应付不疑有辩

我们在社会上立身处事，难免会遇上艰难的事情，更有甚者，会面临性命攸关之际，此时若能以禅定摄心，不慌不乱，不疑不惑地坚定立场，自能胸有成竹地化干戈为玉帛。好比蔺相如赴秦时，即是对自己的立场、言语有信心，展现无碍辩才，终能完璧归赵。

四思之益

一个人思想正确很重要，因为思想正确，话语行为才会正当。如果有一念偏差失误，所谓"一念不觉，六根逐妄"，可能"一失足成千古恨，再回头已百年身"，难以保全终生的节操了。如何才能有正确的思想？

第一，家贫应思良策

家庭贫穷，要想办法改善经济状况，不能坐吃山空，懒惰懈怠。也不能狗急跳墙，尽想一些投机取巧的方法，或是不劳而获的诈骗，亦不可从事有关杀生、邪淫等不道德、不正当的职业。那么，有什么方式可以改善家庭的贫穷呢？懂得开源节流，勤奋努力，从事生产，以及布施结缘等，都是改善家庭生活的良策。

第二，国乱应思忠臣

国家社会秩序混乱，外有强敌当前，内有乱臣贼子，这个时候最要紧的就是用人无私，提拔忠臣烈士，共同为国家做一些助力。

像唐朝安禄山、李希烈叛变，朝廷就延用忠臣颜杲卿、颜真卿两位堂兄弟，以及明末郑成功把占领台湾 38 年之久的荷兰人赶走等，都是忠臣爱国的事迹。

第三，危急应思善友

遇到危急、有困难时，要赶快寻求善友的帮助。在人生旅途中，不能没有善友，当我们有过失，善友会劝谏止恶；我们有好事，善友会随喜相助。甚至遇到苦厄困难，善友都不会舍离背弃我们。

所以，能结交善友，好比植下万福的基础，不仅现世不会做坏事，还会帮助别人，广行善法。

第四，枉误应思正法

被人冤枉，被人误会、辱骂，怎么办？不必怨天尤人，应该要思维正法。什么是正法？首先要自我反省：我是不是真的有错？有过失就勇于悔改。如果问心无愧，可能是自己的德行薄、功德浅，不能感动他人，因此更应该积功累德。接着进一步观照，凡事有因有果，冥冥之中自有因缘关系，不怨恨他人加诸于己的误会、冤枉，就能在正法里安身立命。

四种学习

　　世间没有天生的伟人；伟人都是经由不断地学习，才变得伟大。学习不是一张文凭，或什么证书就可以代表，学习也不是为了父母、为了升学或为了什么学位。学习是充实自己的生命；从学习中可以探究宇宙的奥秘，窥得知识的浩瀚，了解人间的缤纷，得知人生的微妙。学习可以有很多方面，列举四种学习：

第一，从师长学习，要闻一知十

　　子贡闻一知二，颜回闻一知十，都是孔门杰出的子弟。跟从师长学习，要勤查、勤问、勤记，并且融会贯通，举一反三，触类旁通，方能如古之鸿儒，上知天文，下知地理，博通古今，才思敏捷，自成一家。

第二，从书籍学习，要反复思考

　　宋朝苏轼刚中进士不久，年轻气盛，恃才傲物，王安石为了激励他，遂出三道上联考他，苏轼穷思仍对不出下联。他感到学无止境，于是勤奋向学，好几年后，才对出下联。所以，读书不仅只是读懂字面的意思，除了依文解义，还要进一步反复思考，再三推敲，懂得作者的真正用心，才能心领神会。

第三，从经验学习，要体会实践

许多饱学之士，知道很多知识，却不一定能够实践。每个人在学习时要立定志愿，将所学为国分忧，为民解劳，贡献社会，或将所学运用在生活中，如此，知识才能转为实践的智慧。比如曾子，虽然资质不高，但闻善言必定亲自躬行，因此能够继承孔子的圣人之法，由此可知，智慧不只在圣贤书中，更在实践的真实经验里。

第四，从内心学习，要自觉行佛

许多人学习都是向外追求，这是舍近求远，真正能学习的是自己的心，也就是一种"自觉"的能力。有了自觉，就能认识自己、明白自己，清楚学习的方向。佛是觉悟的人，所谓"行佛"就是以自觉的心，做一切清净的行为，不管行住坐卧，什么时候都能自动自发，觉照现前所行是否清净；把自己内心的宝藏开发出来，就是自觉行佛。

学习的目的是为了扩大生命，无论有情无情，都可以是我们的老师，师长、朋友、路人也都是学习的来源，最重要的是自己能明白真理，有了正知正见之后，进一步要知而能行，无求而行，才能扩大自己的生命。

四种病

人有两种病，一种是身体上的病，这靠医师、药剂、护理、科技仪器的辅助，就可以治疗；另一种是精神上、心理上的病，这就比较严重，不容易治疗了。人的心理毛病有哪些呢？

第一，懒

古人有云："为人在世莫嗜懒，嗜懒之人才智短；百事由懒做不成，临老噬脐悲已晚。"当一个人懒于对人点头微笑，懒于招呼关心，对家人朋友不关爱，对上班公事不勤劳，什么事都不热心，甚至对自己的生存都不起劲，这就是"懒病"了。一个人懒惯了，惰性会使得一个人在学业、工作、修行上都不会进步；因此，一旦懒，不仅形象会打折扣，生活也会很艰难。所谓"一分耕耘、一分收获"，你有付出，主动接触、关心各种人、事、物，就会有好的收成。相反的，如果自己不根治懒这个毛病，那么谁也没有办法。

第二，私

社会上、周围朋友有不少人是大公无私的，但也有不少自私的人。人一有了私心，就只知道保护自己、图利自己，以自己为前提，不管大众，他慢慢地就高不起来、大不起来、成就不起来了。因为这个世间是众缘所成，若不重视周围因缘条件，就算是一粒好种子，也不可能会有成就。因此，培养自己具备大众性格、社会性格、融和性格，不自私、不自利，才能在这天地之间成长茁壮。

第三，疑

疑心好比盗贼土匪，让我们没有信心，对伦理没有序分，对真理不能受用。佛经云："信为道源功德母""佛法如大海，唯信能入"，在信仰上狐疑不信，如何入门？相同的，没有信心，无论读书、做事、往来，如何能有成就？为此，"疑"的心理毛病，不是靠别人、靠名医可以治好，而是要靠自己去断疑生信。

第四，痴

痴即无明，这是指在语言上、行为上、思想上不明理的病。人因无明不懂得要广结善缘，不懂群我之间的关系，不懂自己未来何去何从，不知如何慈悲待人，不知如何学习巧妙，不知如何联络往来。无明，所以不明善恶、不讲好坏，胡思乱想、颠倒是非，甚至扰乱六根，让我们不该看而看，看出烦恼；不该听而听，听出烦恼；不该说而说，说出烦恼；不该想而想，想出烦恼，无明实在是所有毛病的病根所在。

人都不喜欢自己生病，除了身体的病外，心理的毛病也要看好，才会有所成就。

四多之病

人心之病在于私，有了私心就会起贪，有了贪心，就会被嗔恨不满蒙蔽礼义道德而无恶不作，造成社会问题层出不穷，乃至自己的身心百病丛生。以下举出人生的四种病，说明之：

第一，贪多为做人之病

一个贪得无厌的人，纵然富可敌国，其心将因永远不能满足而贫穷。看看社会上，不乏因贪多一点财富，而反目成仇的好友；不乏因贪多一点利息，而被迫倒闭的商人；不乏因贪图谋利，而铤而走险的政要；不乏因贪爱情感，而引发杀机的情侣；甚至因利益分配不均而大打出手的亲人，也不乏其人。所以贪是为人之病。

第二，言多为涉世之病

说话要言之有物，才能受人敬重。荀子说："言而当知也，默而当知也。"人在表达自己的意见时，有时候是不需要多说话的，对于毫无意义的事，口沫横飞地雄辩，不如保持沉默。西谚有云："一个喋喋不休的人，就像一艘漏水的船，让每位搭船的乘客都想赶快逃离它。"所以古人说："沉默是金。"就是为了避免因多言而犯错之弊。

第三，计多为用心之病

一个人的计谋太多，善于运用各种手腕，甚至利用人际关系，处心积虑地只为了获得一己之利。这种人心胸狭窄，让人与他交往时，觉得没有安全感而不敢深交。《宋史》说："遇人不设城府，人自不忍欺。"如果你与人相处，能以真心相待，他人自然不忍心欺侮你；同样的，你的花样太多，城府太深，会让人与你保持距离。所以正直和忠诚，才能使友谊巩固。

第四，费多为居家之病

有的人喜欢住豪华住宅，吃山珍海味，开外国车，用尽一切心思，只为表现自己的身份地位。还有的人没条件摆阔，却还是强以外表的华丽来满足自己的虚荣之心。其实，人的高贵之气是由内涵而来，只知一味地挥霍，不但愈显自己的虚浮，并将使自己的经济陷入贫困之境。所以，善于持家的人，凡有所花费，必把每一分钱花在当用之处，如纪德说："省钱应该解释为'用钱的方法'。"所以，懂得如何用钱，才是持家之道。

人的贪心如深壑难填，贪多就会引来患得患失；计多就会失去朋友；费多就会导致匮乏；言多则有失言之虑。

四种无益

世间的人事，有时候对我们有利益，有时候对我们没有利益；有利益的事情当然要多做，没有利益的事情则应该加以改正或者放弃。可是有的人努力行善、结交好友，平常也很勤劳节俭、重于保健，以为如此可以获得利益，其结果却是徒劳无功，为什么呢？因为：

第一，不孝父母，行善无益

儒云"百善孝为先"，佛经里也说父母是我们的"恩田"，所以孝顺父母就是种福田。但是有一些人放着堂上双亲不孝顺，却到处求神拜佛、布施行善，想要借此求神明保佑家庭平安，甚至升官发财。殊不知孝顺父母，是做人之道，你对父母不孝顺，就是信佛教、求神明，也是本末倒置，难以获益，所以，到南海朝观音的屠夫，到头来还是回家才能见到"观音老母"，这才是真正的福田。

第二，兄弟不和，交友无益

古语说："打虎不离亲兄弟，上阵不离父子兵"，都是说明兄弟亲情的可贵。但是现在的社会，很多人为了争夺家产，演出"兄弟阋墙""父子反目"的悲剧，令人不胜唏嘘。其实，所谓"兄弟同心，其利断金"，兄弟手足一起奋斗，可以发挥人生很大的力量，否则"家不和，被邻欺"，兄弟之间不能和睦相处，即使结交再多的朋友，终会受人讥评、看轻。

第三，贪心好赌，勤俭无益

俗语说："财帛动人心"，每个人都想升官发财，但是有的人贪心好财，总想一夕致富，因此把赌博当成发财的捷径。其实"十赌九输"，不少人一夕之间输光了所有家财，如此贪心好赌之人，即使平日里再怎么勤劳节俭，又怎敌得过一个"赌"字呢？所以奉劝世人千万不要涉足赌场，否则输掉的不只是钱财，还可能输掉自己的人生。

第四，保养欠缺，服药无益

现代人注重身体的保健，但是往往不得要领，结果适得其反。例如有的人平日不肯运动、不重卫生、不知调适身心，三餐饮食也不懂得均衡、节制，反而每天食补之外，还迷信各种补药，结果"病从口入"，吃得"百病丛生"。其实"预防重于治疗"，我们的身体要靠平常的保健，平日不懂保健之道，一旦生病才要看医生，不但花钱找苦吃，万一病入膏肓，即使服用特效药也不一定有益。

所以，我们的行为举止、做人处事，要符合正道；偏离正道，要想有好的结果，正如缘木求鱼，总是徒劳无益。

四种涵养

《省心录》说："和以处众，宽以待下，恕以待人，君子人也。"人要养成宽容的美德，能够宽谅他人无心之过，让人有改过向上的机会，才是君子之行。关于"四种涵养"，说明如下：

第一，觉人之诈，不发于言

我们跟朋友相处，发觉他对你有所图谋时，最好不要轻易地揭穿，只要心里有数即可。清代史襄哉说："恭可平人怒，让可息人争。"如果你能表现得不争不权谋、礼让守节操，以诚心忠实对待，反而比漫骂指责、钩心斗角，更能让对方感动而有所改进。

第二，受人之侮，不动于色

有时候别人讲话伤害我、侮辱我，你不要将不满之心表现在脸上，因为你将怒气形于色，反而让他人觉得你没有涵养。宋代苏轼说："天下有大勇者，卒然临之而不惊，无故加之而不怒，此其所挟持者甚大，而其志甚远也。"一个人可以忍得了别人的羞辱，是大勇之人，如蔺相如、勾践、韩信，他们不都是因为能忍，所以成为一代名将的吗？

第三，察人之过，不扬于人

中国人一向有"隐恶扬善"的美德，也就是不传扬他人的缺点或是非。但是，当遇到一些大奸大恶，我们仍应诉诸法，以免危及大众；如果只是个人的小过失，以及一些不当的言行，我们可以仗义直言地告诫他，请他改过，但不要随便向他人宣扬。因为不断扬善，才能让大众有"见贤思齐"的心，如此才能减少恶的行为，进而增长善行，净化社会。

第四，施人之惠，不记于心

古人云："受人之恩不可忘，施人之恩不可记。"平常我们或许有机会帮别人一些忙，为人做一些服务，施人一些恩惠，但是我们不能老是念念不忘，甚至希望别人回报。佛教讲"无相布施"，《圣经》也说："你施舍的时候，不要叫左手知道右手所作的。"就是说明施人之惠不要记在心上，才是真正的布施。梁武帝一生造了很多寺庙、供养了很多僧人，但是菩提达摩祖师却说："了无功德。"所以布施要做到不为名、不求利、不望报地无相布施，才是大功德。

俗语说："志大量小，无勋业可为。"一个人的心量有多大，成就的事业就有多大。具备以上"四种涵养"，不但成就自己稳重踏实、磊落容忍的性格，更是仁爱的施与。

四种危机

佛经讲"三界无安，犹如火宅"，我们所生存的世间，就如同一间失火的房子，人们居住其间，随时都有被火焚烧的危险。此外，世间到处充斥着地水火风以及战争、瘟疫等各种天灾人祸，可以说我们的生活里时时刻刻都满布危机。但是，人生最大的危机，则是由于性格、思想、观念上的缺陷所造成，以下四种危机即是：

第一，临渴掘井欠打算

人生要有忧患意识，"有"时要思"无"时之苦，所以凡事要早作准备，以备不时之需。例如晴天要准备雨伞，以防下雨；白天要准备手电筒，则不怕黑夜来临。一个人如果口渴了，才想要挖井，则往往缓不济急。所谓"人无远虑，必有近忧"，凡事预则立，不预则废，做事千万不要临时抱佛脚，这是有欠打算，通常不会有好结果；能够事前做好周详的计划，则"有原则不乱，有计划不忙，有预算不穷"。

第二，恃才傲物少人缘

"骄必败，谦受益"；骄傲的人仗着自己的才华、能力，见到人就摆出一副高姿态，认为我有你没有、我行你不行、我能你不能。恃才傲物的结果，朋友必然渐渐离他而去，等到有一天需要别人的帮忙，却因平时没有结缘，以致缺少助缘而失败。所以，做人最重要的是广结善缘，千万不能贡高我慢，否则即使能力再强，没有助缘，终究注定会失败。

第三，观望不前失时机

人的性格，有的人积极主动，有的人消极被动；有的人争取机会，勇敢向前，有的人凡事观望，裹足不前。人生处世，固然要审慎行事，但是如果凡事犹豫不决，甚至当一个旁观者，对大众有益的好事，自己一点也不热衷，不去积极参与，总是在旁观望，不敢当下承担，一旦失去机会，则悔之晚矣。

第四，无惭无愧招祸殃

无惭无愧就是不知羞耻。惭耻之心是人类高尚的美德，一个有惭愧心的人，凡有所做，他会想到此举是否会对自己的人格操守有亏，是否能有益于社会大众；因为有了这种道德观念，自然不敢为非作歹。反之，无惭无愧的人，凡事只想到自己；因为自私、无德，只要于己有利，再大的坏事他也铤而走险去做，如此坏事做多，自然惹祸上身，这是必然的因果。

人生处处充满危机，在重重危机里面，我们如何转危为安呢？重要的就是要有危机意识，要能防患未然。

四种不可（一）

有一段时间，社会上流行一句话："只要我欢喜，有什么不可以？"这句话严重误导青少年的行为，让他们把任性当率性、把脱序当洒脱。试想，人类社会所以能够有秩序地运作，就是靠道德、礼法的维系，如果每个人只顾自己喜欢不喜欢而为所欲为，这将成为什么样的世界？所以我们每做一件事，如果合于道德、理法，能为社会情、理、法所容的，当然能做，否则就是自己喜欢，也不可以去做。以下列举"四种不可"说明之：

第一，物非义，不可取

"君子爱财，取之有道"，甚至"盗亦有道"，因此一个正人君子，对于不合仁义的东西，应该一概不取；对于不义之财，更不该生起贪念。所谓不义的财物，例如贪污所得、吞没寄存、抵赖债物、因便侵占、借势苟得、诈骗投机，乃至转卖赃物，获取暴利等，这些都是不义之财，即使一时拥有，不但无法用得心安理得，而且有损己德，所以对于不合仁义之物，万万不能要。

第二，事非见，不可说

有的人喜欢听信谣言、乱传是非，造成别人的名誉受损、身心受创,自己也在无形中造下罪业而不自知,真是害人害己。所以做人要谨于言,不是自己亲眼所见、亲身体会所知的事情,千万不可以随便乱说。甚至即使是亲眼所见,如果对当事人的私德有损,对大众的利益无害,最好也不要随便乱传,因为有时候亲眼所见,也不见得就是事实。

第三,人非善,不可交

交朋友,要注意对方的品性、道德,所谓"近朱者赤,近墨者黑",如果不慎交上坏朋友,整天游手好闲、吃喝玩乐、为非作歹,跟这样的人做朋友,即使不被熏染变坏,也难保有一天不会因为对方做了坏事而牵连受害,所以不要和品性不良的人交朋友,这是自保之道。

第四,念非正,不可举

平常我们的举心动念,都是一股无形力量,会驱使我们在身、口上付之行动,此即佛教所谓的"身口意"三业。三业是造作的主人翁,其中又以意念为主,心里有了想法,才会发之于身、口的行为,所以佛教主张要"防意如城",也就是要好好照顾自己的念头,要心存正念,不要有妄念、邪念、歹念,自然就不会起惑造业而身受其苦。

俗语说:"祸福无门,唯人自招",只要我们为人正派,不可以做的事情不去做,自然不会招惹无谓的麻烦。

四种不可(二)

　　我们在世间做人做事,有一些事情可以做,有一些事情不可以做;有些观念可以有,有些观念不可以有。比方说善事可以做,恶事当然就不可以做;慈悲喜舍的观念可以有,贪赃枉法的行为当然就不可以有了。尤以在人间做人处世,有一些分寸,更要拿捏得妥当,否则一念之失,将差之千里。

　　在可以和不可以之间,我们应该怎么做呢?下列做人做事"四种不可"贡献给大家参考:

第一,不可因求全而不知变通

　　在生活里,我们常常因为自己一时的欢喜,就随意承诺他人,等到事过境迁,心境发生变化的时候,又不肯兑现当时的诺言,这是非常不好的习惯。语云:"信誉是人的第二生命。"因此,我们不可以因一时之欢喜而轻诺寡信,更不可以在不欢喜的时候,又言而无信。

第二,不可因速成而马虎草率

　　我们有的时候,因思虑不周,就急急忙忙请托这个人帮我们说一句好话,或是请托那个人帮我们做一件事,态度马虎轻率,又怎能取信于人呢？假使所托之人推辞你的请求，你便怀恨在心，如此又怎能有好结果呢？须知人家的推辞，表示有不便之处，所以我们不能强人所难。如果他人肯帮助我们、接受我们，这是人家的好意，而我们也应该要感谢，切不可以因速成而马虎草率。

第三，不可因乘意而多事生非

有的人因自己一时的快意，守口不密，泄尽真机，结果为自己惹下许多的麻烦，给自己带来以后的不便。《孟子》记载："盆成括在齐国做官，因为露才扬己，器卑识乏，终以见杀。"所以在快意的时候，更应该谨慎小心，不可多生是非。

第四，不可因疲倦而鲜终无果

不可因为自己疲倦了，觉得无力，就不顾后果，不奉行自己的责任，不履行自己的诺言，到最后必定会失去许多的助缘和朋友。

所以，再怎么疲倦，我们都应该要完成任务。

四种饮食

人要吃才能生存，所谓"民以食为天"，"吃"在中国不但是一门艺术，内容也很广泛。有时不一定是指用嘴吃，例如知识分子以"读书"为食，商人以"获利"为食，艺术家以"唯美"为食，修道人以"法喜、禅悦"为食，佛门也有所谓"四食"，眼、耳、鼻、舌、身、意，都可以为我们摄取各种不同的养分。饮食有哪些种类呢？以下四点：

第一，好人以礼乐为食

"礼"是行为道德的规范，"乐"能调和性情，舒缓身心，因此《礼记·文王世子》中有云："凡三王教世子必以礼乐；礼乐交错于中，发形于外，是故其成也怿，恭而温文。"性格良善之人，他汲取礼乐内涵，做事规度，待人礼貌，从内心自然流露正派、诚信、温和，让人觉得舒服、亲切。所以说，好人以礼乐为食。

第二，小人以贪取为食

弘一大师曾说："我不识何等为君子，但看每事肯吃亏的便是；我不识何等为小人，但看每事好便宜的便是。"小人遇事，好取便宜，只着眼于个人欲望贪婪，不顾虑是否伤害他人，或造成不良影响。他以贪多为食，大饱私囊，明白说来，只是个"贪名图利世间人"。

第三，圣贤以仁义为食

所谓"廉者不受嗟来食，志士不饮盗之泉"。一个贤能的人，他凡事讲求仁义礼信，不贪不义，也不卑躬屈膝，行仪典范，受人尊崇。例如，古来孔子的"饭疏食，饮泉水，曲肱而枕，乐在其中"，陶潜"不为五斗米折腰"，乃至文天祥"留取丹心照汗青"的正气精神，他们以仁义为食，立足于天地之间，至今犹令人欣羡与赞佩。

第四，道人以禅悦为食

在佛门里，每日斋堂中都要唱诵《供养咒》，其中有一段："若饭食时，当愿众生，禅悦为食，法喜充满。"即是提醒过堂用斋的修道人，不过度贪求外在饮食的鲜香味美，时时将自己安住在禅悦法喜与自在宁静之中，以法为食，可以当饱。

饮食是维持生命的动力，人要靠吃来得到营养，产生力量。因此，应该要从吃里体会生活的道理，吃出人生的正知来，不单纯满足肉体的需要，而重视精神的养分，如此才能双向健全发展。

四种适意

一般人都希望诸事"称心如意"，例如物质上的富裕、银行存款的增加、精神上的满足、获得别人的赞美与肯定等，这些都是生活上的适意。然而，从外而来的东西，有时候靠不住，因缘条件一变化，情况也就跟着改变了。适意的生活，还是要靠自己去创造。怎样创造适意的生活呢？有四点意见：

第一，无事以当贵

古人说："千般易淡，未淡者美酒三杯；万般可忘，难忘者闲名一段。"人人都有求富贵、地位、荣耀，乃至受人尊重的欲望。《世说新语》说："人生贵得适意尔，何能羁宦数千里以要名爵！"所谓"树大招风，名大招忌"。名利之后随之而来的，可能就是种种的毁谤、打击、烦恼、压力。"无事以当贵"，贵在什么？贵在无事，贵在有一颗平常心。当你心中无事，就不会被世间尘劳所惑，内心无所挂碍，则能处处平安，自在而适情。

第二，知足以当富

客家人有一句话很美："我足了。"意思是"我饱了、我够了"。人生还有什么比这样的心更富有？要发财，钱财和烦恼是兄弟，钱财有了，总离不开烦恼；求名利，名利与挂碍是一体，名利来了，难免患得患失。因此，知足才是富乐安稳之处。《佛遗教经》说："知足之人，虽卧地上，犹为安乐；不知足者，虽处天堂，亦不称意。"不知足的人，常为五欲所牵绊，知足的人，以超越升华为富贵。

第三，安步以当车

时代在进步，交通工具也逐渐改变，人类的欲望也随之增加。例如有了自行车，开始希求摩托车；有了摩托车，觉得要有汽车才好；买汽车时，要进口的才拉风；有了进口车，何不来一架直升机？什么都拥有了，内心却不平安、不快乐，为什么？因为怕被偷、被抢、被拖吊、被撞坏，苦恼无处停放，担心恶人恐吓……其实，生活不在求享受，安步当车，安贫乐道，多一份闲情，少一份奔忙；增一分健康，减一分负担。

第四，晚食以当肉

《古文观止》的《颜斶说齐王》一文记载：齐王要颜斶做官，给他种种优渥条件，但是颜斶婉谢了。他说，他不要什么荣华富贵，也不必什么美食佳肴，只要在家做个老百姓，肚子饿了才吃，味道自然甘甜，与吃肉一样美味。唐朝张蕴古在他的《大宝箴》里也说："罗八珍于前，所食不过适口。"丛林里的"过堂"一语，意思是，吃饭只是滋养色身，经过一下，不在执着菜色如何。果能尝得这般淡泊滋味，才能维持最长、最久。

天气冷暖的变化，要适时增减衣服，环境变化了，也要懂得调适身心。人生无论做什么，总要有一个适合：男女结婚要适龄，穿鞋大小要适足，煮菜咸淡要适度，应对进退要适宜。遇到学习因缘、种种商机，感谢适逢机会；工作就业全力以赴，就不怕被时代淘汰；甚至人我相处，也要懂得适可而止，否则任性而为、逾矩越分，只会适得其反，破坏情谊。

四种寿命

日本禅师丹羽廉芳曾说过："人寿像马拉松赛跑，谁有耐力，谁就可以获胜！"到底人的寿命要"活"多久才好呢？其实，人的寿命不一定要长久，因为一个人除了身体的寿命外，还有语言的寿命、信仰的寿命、功德的寿命、事业的寿命、共生的寿命等不同层次的寿命。以下有四种说明：

第一，肉体上的寿命

平常我们为了这个肉体生命，给它化妆、营养、运动，种种的爱护、照顾，乃至养生有术，希望长命百岁，依然童颜鹤发，矫健如虎，毫无龙钟的老态。这是一般人所希求的寿命。但是，它毕竟是有限的，到了百年以后，这身体就不是我们的了。

第二，事业上的寿命

开创事业，福利邦梓，泽被社会人群，譬如创建公司、工厂，一经营就是几十年，甚至百年老店，不但本身投注毕生的岁月，子子孙孙继承不辍，就是一种事业上的寿命，尤其是从事文化出版的事业，其寿命更是亘古长久！这是一种利世、利国、利人的功业，可以为人所称颂。

第三，言教上的寿命

古人所谓"三不朽：立德、立功、立言"，古今圣贤的珠玑教谕，让后代的人不断地沿用，他们的教言，是人类智慧的遗产、文化的宝库，通过古人的著书立说，传之其人，文化得以薪尽火传绵延下去。言教上的寿命，是超越时空，和心灵交会的生命，是一种真理和道德的传递。

第四，信仰上的寿命

肉体上的寿命，有生老病死的现象，事业上的寿命，有兴隆衰微的可能，言教上的寿命，有时也依因缘际会之不同，而有或被宣扬或遭压抑之别。所谓信仰上的寿命，是对生命有无限未来的信仰，相信生命是亘古今而不变，历万劫而弥新，信仰上的寿命，是超越了有无、美丑等对待，绝对解脱，究竟常乐，与真理契合的清净生命！

寿命长好，还是短好？事实上寿命长短并不重要，重要的是是否有功于人间。佛门中的僧肇，年仅 32 岁，却留下一部脍炙人口的《肇论》；亚历山大以 33 岁之龄，领导百万雄兵征服世界。因此，一个人的功业，并非靠年岁成就。而人生也不一定光讲色身寿命，而是要讲究什么样的寿命，才是有意义。

以上四种寿命，您要选择哪一种呢？

四种善用

《佛光菜根谭》说："一个良将，残兵败卒也能训练成勇士；一个明医，枯木朽石也能炮制成仙丹；一个名匠，破铜烂铁也能锻炼成精钢；一个巧妇，剩菜残羹也能烹煮成佳肴。"做事能有善巧方便的智慧，才能够圆融无碍。列举"四种善用"，提供参考：

第一，善养威者，不易发怒

"君子不重则不威"，一个人的举止行仪要有威严，不可轻浮，才不会被人看轻。但是，威严不是不苟言笑地摆出一幅严肃的面孔，或是靠发怒、骂人来显示威风。所谓"不怒而威"，一个人的威严，要用道德让人对你信服，例如诚实守信、廉洁自持，对人言而有信，凡事以身作则等，能够让人因你有德而对你肃然起敬，这才是真正的威德。

第二，善感恩者，不吝施舍

"滴水之恩，当涌泉相报"。做人要懂得感恩，感恩的人生最富有。每一个人的存在，都要感谢社会大众的因缘成就，我们在感恩之余，也要给人因缘，所以要不吝施舍。所谓施舍，并不一定要施舍金钱或物质，有时候给人一句好话、一个鼓励、一脸微笑，尤其对人心存尊敬，是最好的布施。

第三，善承诺者，不避诚信

"人无信不立"，信用是人的第二生命，做人要重承诺，不可轻诺寡信。所谓"君子一言既出，驷马难追"，一个人如果经常失信于人，自己的信用、人格破产，日后必定难以在社会上立足，因此做人诚信第一，对于自己所说的话，一定要履行、实践，这是善于承诺者。

第四，善用人者，不会苛责

人皆有所长，也有所短，一个善于用人的人，必然懂得取人之长、容人所短。用人之长，则破铜烂铁也能炼成钢；容人之短，则不会苛责别人，而能以体谅的心，随时原谅别人、帮助别人，如此对方也会心悦诚服地为你所用，这是用人之道。

做人，要善于培养各种美好因缘，也要善用一切好因好缘来创造美好的人生。

四种恶行

一个人的行为，有善、有恶。所谓善恶，"势可为恶而不为，即是善；力可为善而不为，就是恶"。另外，在《善生经》里也讲到"四种恶行"：

第一，自私的欲望

一个人有欲望不是绝对不好，因为欲望有时是"善法欲"，例如我要用功读书，希望出人头地；我要为人服务，希望自己的道德更高尚，甚至我要成佛等，这种善法欲是很好的。但是有一种欲望是"染污欲"，也就是自私的欲望，一心只顾自己的安乐、温饱，不顾别人的死活，只求自己得安乐，不管他人的痛苦，这种自私的欲望，就是一种恶行。

第二，嗔怒的恚心

有的人满肚子的偏执，满腔的嫉妒，看到别人成功，他就不高兴；见到他人受苦，他就感到欢喜。甚至看到别人所做的任何事情，都感到不顺眼，而且处处与人结仇、结怨，因此，每个人看到他，莫不敬而远之。《佛遗教经》说："嗔恚之害，能破诸善法，坏好名闻，今世、后世，人不喜见。"《法苑珠林》也说："嗔是善心之大贼，恶口之府藏，祸患之刀斧。"所以，嗔怒的恚心是一种恶行。

第三，颠倒的邪见

有的人虽然有宗教的信仰，但是不见得有正确的见解。例如不相信"如是因，如是果""善有善报，恶有恶报"的因果法则，这就是邪见。有的人不接受"人有前生、有来世"的三世轮回观，这也是邪见。有了邪见的人，就如行走于黑暗中，看不清道路的方向；又如船只航行于大海，不辨正确的方位。我们但看社会上一些绑票、杀人、吸毒等案件，都是由于颠倒邪见，不懂得辨明人生的方向而引起的，所以，颠倒的邪见是一种恶行。

第四，愚痴的执着

在生活中，有的人因为固执己见，无法接受别人的善言而造成自他的痛苦。因此，人之所以产生烦恼的根源，主要是由于执着；执着是贪心、嗔恨、愚痴的展现。执着的人，不能接受真理，甚至执着自己所学的知识，因此碰到任何事物，往往不究其好坏，只要与自己所知者相违，就会立刻产生对立与无明。甚至执着世间有一个永恒的我，或是认为死后一了百了、无有来生，因而肆无忌惮地耽溺享乐、为非作歹，因此沉沦生死不得解脱，所以，愚痴的执着是恶行。

学佛修行，就是要修正自己不当的行为，所谓"未生善令生起，已生善令增长；未生恶令不生，已生恶令消灭"。

所以对于以上的四种恶行，应该努力去除。

四种教化

有一次，佛陀到一个地方教化，当地有个恶人责怪佛陀是个不事生产的人，每天只是到处行脚、云游。佛陀告诉他："我也有工作，我也跟农夫一样，自耕而食。"佛陀所谓的"耕种"，就是对众生的教化，其中有"四种教化"如下：

第一，以信心为种子

《华严经》说："信为道源功德母，长养一切诸善根。"人在世间上要有所成就，一定要有坚决的信心，才有傲人的成就；有信心，才有面对困难的勇气；有信心，才有承受挑战的力量；有信心，才能接受更多学习的机会。佛陀教化众生，到处散播信仰的种子，让信仰种植在众生心里，一旦因缘成熟，就可以开花结果，增加力量，成为面对困难时的依托。

第二，以修行为时雨

佛陀教化众生，希望大家修习慈悲心，修习忍辱行。乃至持戒、布施、念佛、参禅等，让众生因为修行而身心安乐、远离烦恼，透过修行改造人心、净化社会。甚至佛陀也是以修行来修正自己，进而感化整个社会；以修行的功德，成就他人；以修行的悲智，救度众生；以修行为及时雨，润泽一切众生。

第三，以智慧为阳光

佛陀运用智慧，以契理契机的权巧方便，散播他所觉悟的缘起、因果、业力、空慧等真理，来引导众生出离痴暗无明、消弭刀兵劫火。例如他以所证悟的空慧，打破悭贪的黑暗、消灭嗔恨的阴霾；以智慧的心灯，点亮出离生死之路、照见福慧之光，让众生远离忧愁贫困，趋向菩提大道，就如阳光一样，照破世间的幽暗瘴气，迈向光明温暖之途。

第四，以惭愧为大地

《佛遗教经》说："有愧之人，则有善法；若无愧者，与诸禽兽无相异也。"惭愧是升华道德、去恶向善的根本，惭愧就像大地一样，能让万物生长、成熟。佛陀让世间的人，时常惭愧自己的不足，惭愧自己对父母的孝养不够、对子女的教导不力、对亲朋的爱护不足、对社会的付出不竞。有了惭愧心，才能远离自大自满的固蔽；有了惭愧心，才有悔过向上的意愿；有了惭愧心，才能资养自他及世间的和谐。

佛陀不但是一位善耕心田的农夫，更是一位以众生为田，期望众生皆获菩提道果的专家。佛教一直积极地从事众生心田的深耕工作，对于社会人心的净化，大有助益。

四种话不取

把话说出来，才能让别人知道我们心中的想法，而方便彼此的沟通。但是，说话有说话的艺术，说得不好反而伤感情。好话固然能让人产生信心，是一种助缘，但无心之语也会酿成灾祸。如《华严经》里提到的粗犷语、苦他语、令他嗔恨语、如火烧心语、怨结语、热恼语等，都是"能坏自身他身语"，因此，人与人之间，有四种话不足取：

第一，哗众取宠的话不取

有时候一句话说出来了，虽然一时之间能让大家觉得兴奋，但实际上却只能取悦人于一时。像现今中国台湾政坛以作秀的态度来问政，即是一例。事实证明，这种颠倒浮夸的言论，终究无法长久取得大家的信赖和支持。

第二，举止轻慢的话不取

我们做人处事，话不可说尽，势不可用尽，凡事要为自己和他人留个余地。有的人做事灵巧，不但动作快速，脑筋反应也快速，很容易不经意就说出傲慢犀利的伤人言词，让别人听了不舒服。这种语言如同一把利斧，伤了别人，自己也得不到好处。

第三，危言耸听的话不取

有些人怀有"唯恐天下不乱"的不健康心态，像过去有人扬言世界末日即将来临，但直到现在，地球还是完好无恙；在 SARS 期间，某些媒体报道太过于耸动，引起社会民心的恐慌等等。无益于人的话说出来，给人错误的联想，甚至会扰乱人心，引发动乱，都是不可取的。

第四，信口开河的话不取

《金刚经》赞叹佛陀是"真语者、实语者、不诳语者"，因此，感得广长舌相的正报。抗日战争期间日本飞机轰炸重庆，一拉警报，大家问：来了多少架飞机？有人说"是一架飞机"，最后却变成 91 架飞机。

说话要说正派的话、说中肯的话，有些人说话不经大脑判断，不根据事实求证，随便信口乱说，闹笑话事小，不能为人所信任才得不偿失。

说话的目的在于沟通、表达，如果说出来的话，对别人没有帮助，反而损害他人的前途、名誉，使之陷于痛苦的深渊，则不如不说。

《法华经》云："是人舌根净，终不受恶味……引导众生心，闻者皆欢喜。"言语得体，能够善言软语的人，不但能导人向善，更可以为后世立下言语的典范。

四种第一法

古德云："处人不可任己意，要悉人之情；处事不可任己见，要悉事之理"。在日常生活中，待人接物都要有方法，不可任性而为，如果我们懂得人际间的相处之道，就能往来顺利。关于处世之道，有"四种第一法"，说明如下：

第一，忍耐是做人第一法

做人最大的力量就是"忍耐"，《尚书》云："必有忍，其乃有济。"忍，是一种智慧、是一种担当、是一种力量、是一种化解。能忍，才能解决困难，才能生出智慧，才能接受磨炼，才能不辞辛劳，才能从失意痛苦中再度站起来。因此，忍，才能顺利走完人生旅途，如黄庭坚所说："百战百胜，不如一忍。"可见忍耐是做人第一法。

第二，礼貌是处事第一法

人在世间生活，免不了要与人接触往来；与人来往要有礼貌，处事才能顺利。礼貌是修养的表现，礼貌是互相尊重的行为，也是道德知识的流露。礼貌能让人不卑不亢，礼貌能获得好人缘。《礼记》云："富贵而知好礼，则不骄不淫；贫贱而知好礼，则志不慑。"做人有礼貌，会让人欢喜与你接触，因而使你在事业上，在团体中获得好的评论，因此礼貌是处事第一法。

第三，谦退是保身第一法

人生的荣耀不是永恒不变的，我们要如何保住已有的成就与荣誉？首先要懂得谦虚退让，就如老子所说："为而不恃，功成而不居。"人在应该谦虚时要谦虚，应该退让时要退让，只有不争，才不会有人跟你争；反之，如果你不谦虚、不退让，就会与人产生纷争。有了纷争，你所想要得到、拥有的，很可能一夕之间丧失殆尽，所以谦退是保身第一法。

第四，宽容是用心第一法

宽容是君子之风，宽容是气度的表现，宽容是善解人意，宽容是以德报怨。我们能对别人多一分包容，就愈能显示自己的肚量；一个人的肚量有多大，就能对他人涵容多少。就如天地虚空，因为无所不包、无所不容，所以能广大无垠。因此，我们要如天地一样，能包容各式人种，能亲疏平等，能与万物共存，则能虚怀若谷、意畅舒怀，所以，涵容是用心第一法。

荀子说："欲观千岁，则数今日。"未来的成就如何，从你现在的表现就可以看得出来。能做好"四种第一法"，就是开创美好未来的关键。

四种怨亲

人在世间上生活，身边一定有许多的亲人与朋友。周遭的这些人，有的虽无血缘关系，却亲如家属；有的虽是亲人关系，却仇如冤家。究竟围绕在我们身边的人，谁是亲？谁是怨呢？有时候，可能连自己都难以分辨清楚。在佛教的《善生经》里有"四种怨亲"，说明四种看起来是亲人，实际上是冤家的人：

第一，有贪欲而来畏伏的人

有一种人，之所以与你交往，是存有企图之心。他为了得到你的财产、权位、名利、美貌等利益，而假意遵从你、畏惧你，甚而服侍你，这样的人，是有贪欲之心者。孟子说："为人也多欲，虽有存焉者寡矣！"也就是说一个贪欲之人，其心中的道德良知是非常微薄的，这样的人，是寡德之人，也是冤家，而不是亲友。

第二，有所求而来美言的人

《礼记》云："君子之接如水，小人之接如醴；君子淡以成，小人甘以坏。"有的人，他想要请求你的协助，希望得到你的帮忙，他会对你作出种种的奉承，说出种种的好话，甚至说尽种种谗媚之语，让你心花怒放，因而不察其人的品性善恶好坏，以及所求之事是否合于道德。这一种人是小人，也是冤家，而不是亲友。

第三，有谄谀而来敬顺的人

有一种人，他想要亲近你，是想仗恃你的势力，想假借你的名位，想依靠你的威风，因而假意地来恭敬你、顺从你。事实上，他是想"狐假虎威"，为非作歹。如果重用这类人，必会造成国贫民疲，上下不和。荀子说："非我而当者，吾师也；是我而当者，吾友也；谄谀我者，吾贼也。"所以，对你有谄谀之心的人，是贼人也是冤家，而不是亲人。

第四，有图乐而来交友的人

有些人与你交往，是因为你有钱，跟你在一起可以享乐。《战国策》载："以财交者，财尽则交绝。"为了图乐而相交的朋友，他不是患难同当的朋友，而是吃喝玩乐的酒肉朋友，等到与你相处没有玩乐的机会，或是你所能给的利益消失时，彼此之间的友谊也就停止了，所以这一种也不是亲人，而是冤家。

我们身边的人，是正是邪？是怨是亲？这就要看自己如何运用智慧来分辨了。

四种人

读书是为了明理，明理才能做人；不能通情达理，不能洞悉人情事理，就是对做人的这门学问还不够透彻。做人是一门大学问，人有很多种，有的人热心公益，有的人自私自利；有的人见义勇为，有的人自扫门前雪；有的人刚直不阿，有的人圆滑狡诈；有的人内敛稳重，有的人轻薄肤浅，正所谓"一样米，养百样人"。人的种类繁多，以下介绍四种人：

第一，不闻不问者为局外人

有一种人，不管发生什么事情，都是一副"事不关己"的态度。在他的心里，"天塌下来自有高个顶着"，因此对于世界局势，乃至国家社会的一些现象、问题，他都漠不关心，不闻不问，把自己当成局外人。现在社会上多的是这种人，其实世间一切都是因缘所生法，彼此都是相互关系的存在，所谓"覆巢之下无完卵"，当国家社会有了危机，自己岂能置身事外？所以，人不能当局外人。

第二，隔岸观火者为无情人

有一种人，对事抱着观望的态度，当别人有了困难，他习惯袖手旁观。有时候即使邻居失火了，自己只看不救；朋友发生灾难，他也生不起同情之心。甚至路边有人跌倒了，虽然只是举手之劳，他都不愿扶人一把，这就是隔岸观火的无情人。人一旦失去了关怀别人、同情别人的慈悲心，则如同冷血动物，如此人的价值何在？所以，人不能当隔岸观火的无情人。

第三，两面讨好者为圆滑人

有一种人，做人圆滑，做事投机，善于两边讨好、见风使舵。这种人看似左右逢源，到处吃得开；其实这种"墙上草"的人，没有原则，没有是非，这种人太圆滑了，给人不安全感，不容易让人信任、重用。所以，做人要圆融，但不能圆滑。

第四，功成身退者为明智人

有一种人，功成不居，这种人最好。平时尽心奉献，努力服务，随喜促成好事。但是一旦事情成功了，他就急流勇退，交棒给别人，毫不眷恋。社会上就是因为有这种人，才能不断地成长，不断地进步。反之，有很多人把着权利，不肯退位，得到利益好处，就不肯分享给别人，最后遭人唾弃，这是最失败的人，所以功成身退者为明智之人。

学问是为了做人，做人之道无他，能够心中有人，凡事设身处地为人着想，进而发心奉献、服务人群，当你成就别人的同时，也会成就自己。

四种人不用

机关团体，时常要招考各种职员；商店经营，需要雇用外务店员；工厂运作，也要聘请技术人员等。甚至于在家庭里，也会请个管家、保姆。对于用人，哪一种人能用，哪一种人不能用，不可不知。以下建议，有四种人不可用：

第一，巧言令色者，不用

巧言不如直道。有的人说话，善于察言观色，谄媚逢迎，专说一些好听的话，给你灌迷汤；骨子里没有一点真心，所说的话都是虚伪不实的绮语妄言。甚至不但语言是假的，连笑容也是伪装的，一举一动，都是做作不实，这种人不能令人信任，当然不能用。

第二，损人利己者，不用

世间上，一等根器的人凭着崇高理想而行事；二等根器的人凭着常识经验而工作；三等根器的人凭着自己需要而生活；劣等根器的人凭着损人利己而苟存。损人利己的人，凡有利益，归于自己，凡是过失，归咎他人。平时专做一些自私自利的事，说一些坏人名誉的话，这种人如果用他，会给你招惹很多的麻烦，增添很多的不愉快，所以不能用。

第三，言行不一者，不用

有一种人，表里不一，说的是一回事，做的又是另外一回事。平时喜欢发表高论，说得天花乱坠，但是真要他去实行，则推得一干二净，说和做完全是两回事。更有甚者，有的人满口的仁义道德，满肚子的男盗女娼，语言和行为不能配合，表里不能如一。对于言行不一致的人，不能托付重任，自然不能用他。

第四，自赞毁他者，不用

平常在我们的朋友、同事当中，会有一些人总喜欢炫耀自己、夸赞自己。三句话就谈到自己当初是何等英雄，贡献多么伟大，立了多少功劳；谈起现在，更是不得了，好像少了他团体就不能运作，太阳就不再升起一样。有的人不但夸赞自己，甚至毁谤他人，这个人不对，那个人不是。凡是别人都是错的，自己都是对的，这一种自赞毁他的人，经常制造纷争，用了以后会很麻烦，因此最好不用。

做人，可以无用，但不能无明；做人，可以没有贡献，但不能侵犯别人。做人踏实、本分最要紧，所以上述这四种人我们不能用，当然也不能做这四种人。

四不可

现代是一个民主时代，个人可以随着自己的兴趣、性向、专长，在不影响他人的权益，以及不违背国家的政令之下，自由地发挥所长，甚至尽情地做自己想做的事。但是，有四件不可任意而为的事，应该戒之、慎之。以下就来谈谈"四不可"：

第一，不可随耳目之娱

随着科技高度发展，一般人每日追逐于感官刺激的娱乐，驰骋畋猎于目眩神移的声色之中，身心却空虚不安，无法求得安定与自在。明朝的薛敬轩说："目欲视，当思其邪与正；耳欲听，即思其是与非。"我们不可以放纵自己的耳目，任其贪看美色、听取靡靡之音，所谓"宁静致远"，唯有在宁静中，不让心灵受到外境的五欲六尘所蛊惑，能够不当看的不看，不当听的不听，自然不会起惑造业，也就不会频生无明烦恼了。

第二，不可说虚妄之言

朱熹说："言语不可妄发，发必当理。"话不可以乱说，开口说出来的话必须合于正理。人只要说了一句谎言，就要不断说更多的谎言来掩饰，甚至为了要自圆其说，无所不用其极地算计别人，以为自己脱罪，于是每天活在惶恐黑暗之中，不得安宁。所以口要常说赞美之语、诚实之语，而不说虚妄之语。

第三，不可揭他人之短

《弟子规》云："人有短，切莫揭；人有私，切莫说。"人家有短处，我们要隐恶扬善，不可揭发人隐私。台湾的选举，竞选人的祖宗八代，常常会被一一地提出来品头论足，甚至被骂得一文不值，这是社会亟待改善的不良风气。其实每个人各有所长，也各有所短，天下没有完美无过之人，包容他人的不足，赞美他人的长处，不仅有助于社会风气的净化，更能带给自己好的人缘。

第四，不可夸自己之长

社会上常见有的人开口、闭口都是自己怎么了不起、自己怎么好。其实这些自我宣扬、自我炫耀的人，反而会被人看轻。曾国藩说："以才自足，以能自矜，则为小人所忌，亦为君子所薄。"人应该懂得谦虚，谦虚才是美德；不夸耀自己专长的人，才能如大树般向下扎根。

《礼记》说："人有礼则安，无礼则危。"人的气度是透过高度的修养所展现出来的。"四不可"就是让我们表现恢宏气度的礼仪，有礼才能对别人产生恭敬之心，有礼才有公共道德，所以，我们要时时将"四不可"用于日常生活之中。

四等人

　　现代人讲究情绪管理，但是，一般人大多不能控制自己的情绪。有的人虽然能力很强，但是脾气也很大，让人不敢领教；有的人能力差，脾气又大，自然受人排斥，难以合群；有的人能力强，脾气又好，则人人赞叹，到处受人欢迎；有的人能力虽差，但也没有脾气，尚能与人共事，差堪受教。

　　一个人的伟大，不在能力大小，而看能量的高低。能，每个人都有，而且各有不同，能力、才能都可以经由学习而来；量，却是不容易培养。量是不嫉妒，有包容、有雅量、有涵养，不随便发脾气。所以做人以能量来区分等级，可以分成四等人：

第一，一等人，能力大脾气小

　　第一等人，能力很大而且没有脾气，例如在学校里，会教书的老师绝不会用打骂的方式来教育学生。反之，喜欢体罚学生的老师，为什么要打骂学生？因为他没有好的方法来教导学生，只有用打骂、用发脾气来威吓学生。所以，只要我们培养自己的能力，让自己有能力而脾气小，就是第一等人。

第二，二等人，能力大脾气大

第二等人，能力大，脾气也很大。因为他要求完美、要求苛严，所以，在做事的时候，当别人的能力无法和他配合，他就用发脾气来教训人、督促人，要别人跟他一样。发脾气，总要让别人感到你是出于一份爱心，他才能接受；如果你是恶意的，对方也会心生反感。所以能力大，脾气也大的人，只能列为第二等人。

第三，三等人，能力小脾气小

有的人没有能力，不过他也没有脾气，这种人算是普通人。他知道自己没有办法做多大的事业，也没有办法有杰出的表现，所以他也不敢发脾气。如此大家将就将就，总算能够与人和平相处，这是三等人。

第四，四等人，能力小脾气大

这是最差劲的下等人，论能力没有，可是脾气很大，自己不会做事，却对别人要求严苛。这种人无论是主管或属下，都不得人缘，到处不受人欢迎，所以是劣等人。

真正有能力的人，不是用脾气去领导别人，也不是用脾气去教导别人，而是以身教来领导人，以道德来感化人，以度量来包容人，这才是最有智慧的上等人。

四病致失

"有得有失"的人生是公平的，但是人总是希望有所得，不希望有所失。其实得失都有它的因果关系，既然不希望失去所拥有的，就不要造作失去的原因，自然不会有所失。造成失去的原因是什么呢？有四点说明：

第一，骄傲会失去礼节

人生最大的失败是骄傲，一个骄傲的人，往往自恃甚高，自以为了不起，因此目中无人，不把别人看在眼里，当然不会在意人与人应有的礼节。例如见了面，他不肯跟人点头打招呼，平时也不肯说好话、赞美别人，在人前人后永远是一副趾高气扬、不可一世的样子。这样的人自然不会有人欢喜和他在一起，日久不但朋友疏远他，做事也不会有助缘，所以骄傲必败，这是自然的道理。

第二，我慢会失去仁厚

贡高我慢的人，不但自己自高、自大，对别人往往也要求严苛，缺乏宽厚、仁慈之心，所以无形中在人际之间竖立了一道高墙，让别人不容易亲近他，他也走不近人群，因此佛经比喻"我慢如山高"。我慢会成为人际之间的障碍，乃至自绝成功之路，不可不知。

第三，发怒会失去人和

俗语说："生气无好话"，一个人生气发怒的时候，往往失去理性，忘记对人应有的尊重与包容，即使面对再亲的家人、再好的朋友，他也口不择言，不顾一切地给人难堪，以致亲情破裂，好友反目成仇。所以当一个人要生气的时候，最好能够"慢半拍"，气就生不起来了；就如同唱歌，跟不上节拍，歌自然就唱不下去了。否则，东西打破了可以再买，人情破坏就很难再回复；如果因为一时生气而失去人和，事后才后悔，往往悔之已晚。

第四，欲望会失去品格

"拿人的手短，吃人的嘴软"，一个人欲望太高，贪财、好色、好名、好利，经常有求于人，必然善于攀附权贵、逢迎拍马，甚至对人卑躬屈膝，失去做人应有的风骨。如此活得毫无尊严，生有何益？所以，做人要节制私欲，不要因为贪欲而失去品格，这是人生最大的损失。

人，有时候容易患得患失，在得失里面不得安心，所以我们要看淡得失。但是，对于可能导致自己失败，乃至失去人格的缺失，则不能漠视，而且要加以改正。

卷二 ｜ 为人四要

一个人内在的道德、气质，

外在的形象、处世，

经常左右他一生的发展与人际关系。

为人四要

一个人内在的道德、气质，外在的形象、处世，经常左右他一生的发展与人际关系。假如过于自我设限、自我封闭，为人容易失败，没有未来；相反的，你为人健全明朗、思想开阔、广结善缘，必定"去处尽通"。为人处世的要素有哪些呢？以下四点提供参考：

第一，耳听他人意见

倾听是维护人际关系的一门艺术。历史上，关羽由于过于自信，不听他人意见而大意失荆州；诸葛亮在《出师表》中劝勉刘禅"咨诹善道，察纳雅言"，就是希望他能亲近贤臣，听取正确意见。而近代有"日本经营之神"之称的松下幸之助曾说，他的成功要诀在于"细心倾听他人的意见"，可见倾听的重要。学习倾听，不仅是一种耐心、让步和宽容，也可从中吸取经验、增长智慧。

第二，眼光广阔远大

一个人所以进步不大，大半在于眼光短小，只看到近处，看不到远处；只看到浅处，看不到深处。假如只是汲汲于眼前的利益得失，只顾小我而忘记大众，如此心量，纵然有成就，也是极为有限。孟子说："孔子登东山而小鲁，登泰山而小天下。"当眼光广阔远大，胸怀大志，眼前的短视小利，又如何撼动我们的雄心壮志呢？

第三，身体勤劳力行

《长阿含经》云："若不计寒暑，朝夕勤为务；事业无不成，至终无忧患。"《大智度论》也说："如农夫勤修，所收必丰实；亦如涉远路，勤行必能达。"此皆说明身体力行的重要。为人力行勤劳，不论读书、做事会有成就，人品、道德也必定能受人敬重。

第四，心意灵巧通达

一个灵巧通达的人，做事上懂得顾全大局，委曲求全，处事上能够明白事理，知道进退，在与人相处上，懂得为人设想，尊重他人。这样的人，怎么不会获得人缘，受人重用呢？因此，学习心意灵巧通达，实在是为人处世的关键。

一个人能接受他人意见，具有远大眼光，能够勤劳耐苦，懂得灵巧通达，他的心灵会有一番体悟，生命也必定有不断的活水源头。

待人四不

在我们平常接触的人群里，或是相交深厚的朋友当中，有一些人总给人如沐春风一般，欢喜亲近，有的人则令人望而生畏，不敢恭维，甚至相处一回之后，就永远不想再见面了。人，总希望给人怀念，不要给人怀恨；要想留给人好的印象，就不得不注意平时待人的态度。有一个"待人四不"，提供参考：

第一，慈悲关爱，不望回报

任何的赞美、恭维，都不及在苦难时接受到别人的关怀，因此做人要不吝将慈悲、关怀给人。但是所谓"施人之恩，不发之于言；受人之惠，不忘之于心"。当别人有恩于我，虽受一分的恩惠，也要回报百分的心意；反之，如果我曾对人付出一点点的关怀，不但不图回报，甚至不足挂怀。一个施恩望报的人，难免给人沽名钓誉之嫌；能够对人付出关爱而不望回报，才是真正的慈悲。

第二，宽容谦让，不生嗔恨

人生最大的修养是宽容，能以宽容谦让之心待人，别人或许有得罪你、冒犯你、对不起你的地方，你都能以体谅、慈悲之心包容他、原谅他，如此自然不会生起嗔恨、怨尤之心。一个人能够待人少怨尤，做人自然会圆满。

第三，分别抉择，不可愚执

佛经云："法无善恶，善恶是法。"又说"烦恼痛苦都是从妄想分别而来"。尽管在出世间法的理上说，一切法不生不灭、不一不异、不断不常、不来不去；但是，从世间法的相上看，事情有大小、好坏、轻重、善恶，所以我们要抉择什么能做、应做，什么是不能做、不应做。有了权衡轻重、辨别是非、认识善恶的能力，就是明理，就是智慧，否则就是愚痴，就是无明。明理可以判断是非，智慧可以分别善恶；是非善恶，为人不可不辨也。

第四，谦恭柔和，不能傲慢

向尊长谦恭是本分，向平辈谦虚是和善。一个人能够对人谦虚、恭敬而不傲慢，一定能留给人温和、有礼、慈悲、亲切的好印象，并且乐于亲近、敢于亲近。所以，能以谦恭柔和待人，自然可以广获善缘。

推己及人的恕道，是待人行事永不变易的定理。平日待人处事，如果不将别人的短处视为缺失，而抱持"结缘，不结怨"的态度，容他、耐他、化他、度他，待时机成熟时，一定可以获得对方的尊重。

待人四要

人，大都同时扮演着多种不同的角色，例如是儿女，也是父母；是属下，也是主管；是师长，也是朋友；甚至是爱人，也是仇敌。不管身属哪一种角色，待人都要以真以诚，都要有情有义，都要有雅量、有包容。"待人四要"，就是待人的四个要诀：

第一，对待爱人要有真心

世界上当然有很多是我们所爱的人，例如父母、妻子、儿女、兄弟、朋友，甚至领袖、长官。如果他们是你所尊敬、所爱戴的人，你要付给他们什么？要有真心。人生在世，钱虽然很重要，但并不是绝对万能的，有钱可以买得到群众，却买不到真心。所以当你希望得到别人的真心相待，唯有先以真心待人；你对人虚情假意，别人也不可能对你真心诚意。所以，待人以真心，这是待人的第一要。

第二，对待好友要有义气

你有好朋友吗？你怎样对待你的好朋友呢？好朋友不能只有金钱上的往来，朋友虽然有通财之义，但朋友更难能可贵的是互相规过劝善，彼此提携，互为镜子。当朋友遭逢困难，你能输家毁难，固然是义；平时勇于劝谏，导向善道，更是义不容辞。所以对待朋友，重要的是要有义气；朋友相交，彼此讲义，比得到财富更为可贵。

第三，对待后进要有雅量

身为主管，对部属要供养好因好缘、供养和颜悦色、供养慈悲爱护。主管平时不能做老大，不能高高在上，对待后进要有雅量。有雅量者，后辈有时讲错了话，你要有雅量包容他；后辈难免做错了事，你要有雅量原谅他。总之，他是后辈、是后进，他还在学习期间，如果你没有雅量包容他、指导他，自己也愧为长辈。所以身为长者、主管，要有雅量提拔后进，不能妒贤害能，这是最好的供养。

第四，对待敌人要有包容

所谓敌人者，商场上有利益冲突的敌人，政治上有政见对立的敌人，工作场中也有打击障碍你的敌人。面对各种立场、利害、主张不同的敌对之人，都要有包容心化他、摄受他。能以包容心化敌为友，不但少了一个敌人，而且多了一个朋友，日后他也可能成为你成功立业的助缘，所以，对待敌人要有包容心。

有形的财富有限，钱财并不一定能解决问题；能以慈悲待人，会让对方毕生难忘。

做人四原则

做人要"不变随缘"，但是随缘并非随波逐流，所以做人也要懂得"随缘不变"，也就是要有不变的原则。做人应有的四个原则，提供参考：

第一，礼为处事之本

礼，是人际关系的规范，合乎伦理，就是有礼。有了礼节的规范，人与人之间比较能保持良好而恰当的关系，所以，礼是人和人之间相处必要的条件。礼貌的养成，要从小教育起，从小在父母师长教育下，人知道有尊卑、长幼之分，这就是有礼。有了礼貌，就有规矩，有了礼貌，待人处事就不会逾矩。

第二，义为待人之方

義，从字形上会意："羊"有美善之义；一己（我）所表现的美善，就称之为"义"。如孔子说："君子义以为质"，做人要有义，有情有义的人，对物"义然后取"，对人对事更是"见义勇为"、"义无反顾"、"义不容辞"。所以义气是待人之方，不讲义气的人没有朋友，人要有义气才尊贵。

第三，廉为应世之道

廉者，品行方正也。为官廉明才能爱民，做人廉洁才会爱己。

以清廉应世，即能不贪；不贪，自然不会因利之所趋，而做出有害人格操守的事，做出不利社会人群的行为，所以，廉为应世之道。

第四，耻为修养之妙

耻者，羞愧之心也。人而无耻，如树无皮；人能知耻，如穿华服。羞耻之心，是人所以异于禽兽的地方；人若无耻，则无恶不作，失去人格，其与禽兽何异？所以做人要知耻，耻有所不知、耻有所不会、耻有所不净。一个人如果没有惭耻之心，永远不能进步；没有羞愧之心，永远不能成功。所以"知耻近乎勇"，能知耻辱，必成大器。

做人要平淡而不平凡。平淡者，要平易近人，虚怀若谷；不平凡者，对道德人格、义利成败要看得清楚，要有所为，有所不为。

做人四不可

做人要与人为善，做人要从善如流，做人要乐善好施，做人要广结善缘。凡是对人有益的好事、善事、美事，我们都应该尽量去做；反之，如果于人有害的事，即使有利于己，我们都应该断然拒绝，这是做人应该有的道德良知。做人有四不可，提供参考：

第一，不可以趁火打劫

人性有善恶的两面，在面临灾难时最容易看得出来。有的人见人危难，奋不顾身加入抢救；有的人袖手旁观，一副事不关己的态度；有的人不仅作壁上观，甚至趁火打劫，发灾难财。试想，当别人发生困难，你还觊觎他的钱财；当别人发生不幸，你还落井下石；当别人跌倒，你又再踹他一脚。如此顺势欺人、趁火打劫的小人行径，岂不可耻？所以，做人不可以趁火打劫。

第二，不可以雪上加霜

俗语说："济人须济急时无"，当一个人口渴时，送给他一杯白开水，胜于平时的一杯鲜果汁，所以做人能"雪中送炭"，远胜于"锦上添花"。但是现在社会上肯"雪中送炭"的固然有，"雪上加霜"的也不在少数，例如一些残疾人靠着卖彩券，自力更生赚取微薄的生活费，却被恶霸勒索、诈骗，致使血本无归，家计无着，如此岂非"雪上加霜"。所以，有能力济人燃眉之急固然好，不能的话，至少不能"雪上加霜"，陷人于绝境。

第三，不可以因噎废食

人的成功与失败，往往几率各半，就看各人有无智慧与毅力去突破困难。有的人做事稍稍出了一点问题，他就停下不干，这种人"因噎废食"，就如小孩子学走路，因为跌倒一次就停止，如此永远只能在地上爬。所以做事碰到困难，应该研究问题症结所在，然后加以解决，而不是因噎废食，否则只有饿死一途。

第四，不可以因人废言

"广开言听""察纳雅言"，这是一个成功领导者不可以少的心量。但是有的人听话是有选择性的，例如专家、权威、长官，或是亲信的话才能入耳，对于属下或名不见经传的人所作的建言，总是充耳不闻。所谓"人微言轻"，其实也不尽然，"愚者千虑也有一得"，所以听话应该着重于这句话有无建设性，有无启发性，千万不能因人废言，才不会有遗珠之憾。

做人要厚道，不可以乘人之危；做人更要有智慧，不可以事理不明。

做人四要（一）

《新唐书·裴行俭传》云："士之志远，先器识，后文艺。"古人修身治学，首重做人的度量与见识，期许达到大仁、大智、大勇的境地。我们都不是一出生就能把人做得圆满的，无不是一次一次经验和智慧的积累。如何积累？以下有"做人四要"：

第一，要以益任事

不论从事任何工作，要能利益他人。当官者，要以人民的利益为重；在家庭，办事要对家人有益；交朋友，要时时想到给朋友利益。一如《优婆塞戒经》云："不念自利，常念他利，身口意业所作诸善，终不自为，恒为他人。"自己若得到好处，也应抱持十方共有的观念，如此才能成就善因好缘。

第二，要以谦防傲

傲慢、自负者，其格局、度量必不大，容易丧失许多宝贵的因缘，改进之道，唯有谦虚。有人问禅师："宇宙有多大？"禅师回答："五尺高。"此人不解地问："多数人皆超过五尺呀，又当如何？"禅师说："所以凡事不得不低头啊！"意思是我们平时处事对人，在语言、态度上，必须谦虚为怀，不可傲慢自大，方能所向尽通。

第三，要以学启智

学习，是开启智慧、增广见闻的途径。所以孔子说："人非生而知之，乃学而知之。"学生学习，增加学力；技术师学习，增强技能；修行者学习，增长道业。不论哪一行业，都需不断学习，才能不断增加智慧。程颐说："进学在致知"，唯有增进学识，方能将知识推上极致。我们立身社会，怎能不广泛学习呢？

第四，要以守自安

做人要守道、守节、守法、守信、守分，有了美好的道德，如同一道围墙能保全自己的行为和名声。创业之际，守得住艰难，则成功在望；与人为友，守得住道义，就不至人格扫地；修道者，守持戒律，才能趋向正道。乃至"守口如瓶"者，令人信赖；"守住岗位"者，受人重用。因此，守得住这许多内在的涵养德行，人生就能如履平地般安全坦然。

《菜根谭》云："做人无甚高远事业，摆脱得俗情，便入名流。"做人不一定要成就轰轰烈烈的事业，才称得上成功，凡事利人、处事谦虚、不断学习、守住道德，就是上等之人。

做人四要（二）

做人，总想得到利益、得到好处、得到平安、得到顺利。那么怎样做人，才能所求如愿呢？有四点看法：

第一，做人要利好邻

所谓"居要好邻，行要好伴"，你要有好邻居，才能得到平安。过去"孟母三迁"，孟子的母亲为什么要一再搬家？就是为了让自己的孩子有一个良好的读书环境，接受善美的熏陶，培养高尚的人格。现在的父母也常常为了子女，希望选择一个好的社区，所以懂得好邻居的重要，平时就应该好好敦亲睦邻。

第二，做人要安好友

朋友对一个人的一生，常常占有举足轻重的地位，交朋友是很重要的。但是结交什么样的朋友才好呢？儒家所谓"友直、友谅、友多闻"，所交的朋友要很诚实耿直，要有学问道德；不但博学多闻，而且善良厚道。平时能相互勉励向上，彼此规过劝善，尤其对于我的无心之过，能够包容、不计较，这就是值得结交的朋友。

第三，做人要读好书

书跟人一样，人有益友有损友；书也是有善书有恶书。过去讲

"开卷有益"，但是现在有的八卦书籍、黄色书刊，读了不但没有利益，反而引人误入歧途，所以读书要选好书。最好的书籍是有益智性的书，有励志性的书，读了能给人增进品德，增长知识，才是好书。

第四，做人要行好事

做人，要以有限的生命，追求无限的永恒，要创造自己生命的价值，所以平时要多做好事。举凡对人有利益的事情，对社会有利益的事情，对国家有利益的事情，对大众有利益的事，我都尽力去做。从工作、服务中，散发生命的能量，不但利人，同时利己。

做人四则

身而为人，我们存在的价值是什么？就是圆满人生。如何圆满？首重"做人"之道。父慈子孝、兄友弟恭、夫妻敬爱、朋友交心……这些不仅是人伦之理，也是做人之要。做人，要心性真善美，行为正而不斜，才能进入圆满的境地。做人有四点准则：

第一，不鲁莽而谨慎

谨慎是很好的人生态度。《大般涅槃经》说："谨慎无放逸，是处名甘露；放逸不谨慎，是名为死句。"处事谨慎，做事才不会失败；说话谨慎，才不致造成误会；思想谨慎，才会拿捏分寸，懂得进退。生活处处谨言慎行而不鲁莽，方可免去失足之恨。

第二，不糊涂而理智

大凡成功者，无不以理智的头脑来处人处事。理智，是一种心灵清明的状态，让我们不论处在任何情境，都能保持冷静而不糊涂。人一旦糊涂，就容易迷失方向，随情绪左右而任意行事，陷入混乱的境地。将相带兵，理智判断，可以赢得一场战争；从商者，理智沉着，可以成就一番事业。理智而不糊涂，便能让自己走向成功。

第三,不欺瞒而坦诚

坦诚的心,最为可贵。凡事应该讲清楚、说明白,若一味地欺瞒蒙骗,不但无法解决问题,反而遭人诟病。《大方广佛华严经疏》说:"言行,君子之枢机,苟能诚实,斯则可法。"做人处事,能以坦诚的心面对一切,自能"不愧不怍""俯仰无愧",无所畏惧了!

第四,不奸诈而正直

正直,就是言行一致,忠于自己。《净名经》说:"直心就是道场,直心就是净土。"心不歪曲、不谄媚、不奸诈,就是正直,就能坦荡。唐贞观年间的谏议大夫魏征,性情刚正不阿,曾于《十渐不克终疏》里,直指唐太宗的过错与过失,太宗不但没有治他的罪,还以贤士善待。所以,做人不奸诈而正直,终能获得别人的信任,并且欢喜亲近。

为了圆满我们的人生,处事上要谨慎、理智;待人则应坦诚、正直,唯有如此,才能获得他人相同的对待。

最怕四事

人皆有所畏，有的人怕暗，有的人怕苦，有的人怕痛，有的人怕死。也有人说，战争最可怕，因为刀枪子弹不长眼睛；更有人说，天灾地变最可怕，因为水火风灾最是无情。其实，世间上最可怕的不是外来的暴力；外境不可怕，最可怕的是自己。为什么自己最可怕呢？有四点说明：

第一，贫穷不可怕，可怕的是没有才能。

俗语说"一钱逼死英雄汉"，贫穷有时的确会让英雄气短，但所谓"人穷志不穷"，只要自己有才智，肯努力，终有鲤跃龙门、扬眉吐气的一天。反之，一个人最怕的是自己没有才能，既无一技之长，又不肯勤劳奋发，如此不但贫穷很可怕，即使家财万贯，也有坐吃山空的一天，所以贫穷不可怕，可怕的是没有才能。

第二，卑贱不可怕，最怕的是没有志气。

佛经云："众生皆有佛性"；佛性既然人人本具，本不该有贵贱之分，然而凡夫众生总要从人的出身、职业、求学经历来分个高低、贵贱。佛陀时代的古印度便有四姓阶级之分，在佛陀的弟子中如尼提、优婆离，都是人称贱种的首陀罗，然而他们并不因此而丧志，或是自怨自艾，反而在跟随佛陀出家后，精进修道，终于证果成圣。此即所谓"英雄不怕出身低，自古将相本无种"。一个人只要有志气，就有力量脱困而出；反之，不立志，终将一事无成，所以卑贱不可怕，最怕的是没有志气。

第三，疲累不可怕，最怕的是没有毅力。

人的体力有限，长时间工作难免有疲累的时候，所以要适度地休息。所谓休息，是为了走更长远的路，一个人不怕一时的疲倦，最怕的是在工作上遇到挫折，从此灰心丧志，觉得自己疲倦了，没有力气了，失去了上进的毅力，因而一蹶不振，此即所谓"哀莫大于心死"。当一个人无心于事，甚至对自己失去信心的时候，这是很可怕的危机；反之，只要有心，就有力量，就能继续向前走，所以只要有毅力，疲累不可怕。

第四，慌乱不可怕，最怕的是没有仪制。

人在遇到突如其来的事情时，最能看出一个人的定力、修养，有的人遇事容易紧张、慌乱，有的人即使生命攸关之际，他都不露声色。东晋时代的谢安，三国时代的诸葛亮，他们在大军压境时，依然气定神闲，指挥若定，实非一般人所能及。不过，遇事忙乱、慌张都还不要紧，重要的是要有自我安定的力量，自己要有仪制，不能慌张出丑，甚至失去风度，否则自己定力、涵养不够，难免遗人笑柄。

人，不一定要当天下无敌的勇者，但绝不能做一个被自己打败的懦夫。

涉身四难

有一个哲学家说，宇宙只有五尺高，六尺之躯的人身想要在其中生存，就必须懂得低头。此中说明，人要想顶天立地于天地间，难免会有一些境界觉得难以过关，姑且称为"涉身四难"。有四点说明：

第一，立身以无愧为难

做人能"仰无愧于天，俯无怍于地"，这是君子不同于小人的德行，所谓"君子坦荡荡，小人长戚戚"。然而一般人生存于天地之间，真的都能做到问心无愧吗？例如对国家社会善尽义务了吗？对父母长辈善尽孝道了吗？对家庭眷属善尽职责了吗？对朋友里人都能有情有义吗？甚至对不相识的人乃至对宇宙万物，都能慈心对待，不留愧憾吗？能够如此，庶几无愧于人。

第二，守身以无污为难

玉无瑕疵，故能为人所珍藏；人无污点，才会被人所尊敬，因此做人要洁身自爱，要守身如玉。然而一般人在社会上做事，与人相处，真能一点污点都没有、一点过失都没有吗？例如做官不贪污、临财不苟得、见利不忘义、遇难不变节，这都要有相当的修养与定力才能做到。尤其社会本身就是一个大染缸，要想涉身其间而不同流合污，并非容易，何况要出淤泥而不染，又有几人能够做得到？所以守身无污确实不容易。

第三，保身以无罪为难

过去儒家学者常说"达则兼善天下，不达则独善其身"。有的人虽然善于"明哲保身"，一直用心在保护自己，不让自己违反道德、违反法律、违反公论。只是从佛教来讲，凡夫众生起心动念，无非是业，无非是罪。在无形的起心动念中，如何确保自己念念清净，念念不起非法，念念不去造作罪业，这才是保身之道。

第四，安身以无恼为难

人在世界上生活，总要为自己找一个安身立命之处。有的人以功名为求，有的人以金钱为重，有的人以爱情为寄托，有的人以事业为目标。不管把身心安住在何处，都难保不起烦恼。

因为有所住，就有得失好坏，有了得失之心，一旦达不到预期的理想，自然生起懊恼，有了懊恼，即非安身之道，所以说安身以无恼为难。

做人要想求全，并非易事，所以，在很多为难的情况之下，我们自己要尽量做到无愧、无污、无罪、无恼，这是非常重要的。

为人四不

现代人相当重视人际关系的处理，包括亲子、夫妻、朋友、职场、师生之间等等，社会上也提供了各种人际、情绪管理训练。所谓"有缘千里来相会"，和人相处，彼此就是有缘分。如何经营一份好缘分，有以下四点：

第一，不亏人

人与人相处，难免有所不公与欠缺，在吃亏时不计较，可以积累人生的经验；从吃亏中不比较，可以学会处世的退让。鲍叔牙肯吃亏，不但交到一位好朋友，自己也流芳万世；哲学家苏格拉底临终前，犹不忘记亏欠邻人一只鸡尚未偿还。一般人大都不愿意"吃亏"，其实喜欢占便宜的人，到头来是真正吃亏的人。

第二，不昧心

任何人可以天不怕、地不怕，但不能不怕自己的良心，不能不怕因果报应。古德云："诚者万善之本。"无论做什么，纵使不能事事尽如人意，也要无愧于心。有些人昧于事理，为了个人私欲，不惜牺牲大众利益，一旦让人失去信任，自然没有立足之地。因此，待人处世要不昧良心，才能活得心安理得。

第三，不欺瞒

现在是讲究"透明化"的时代，凡事要能摊在阳光下，经得起别人的检视。古人有"君子不欺暗室"之教，曾子也云："十目所视，十指所指，其严乎。"一个人有"事无不可对人言"的坦荡胸怀，不论临众或独处，都能光明磊落、表里如一，没有半分伪装巧饰，心地质直无曲，就能够得到大众的信赖与尊重。

第四，不遮掩

人都会有所期望与追求，正当的欲求是被允许的。孔子言："君子坦荡荡。"君子行事不遮掩，即使犯错也不怕人知，因为他们有心改过，甚至庆幸他人知道，以此警惕自己不能蒙混过关，自我欺瞒。因此，即使是一个平凡人，如果他的思想行为有如朗月入怀，光明彻见，所行所欲，没有什么不可告人之处，自然有他的人格与修养。

所谓："勿计得失，应计善恶；勿计成败，应计是非；勿计贬褒，应计心安；勿计收获，应计耕耘。"为人之道要能知理、知事、知人、知情，不必患人不重己，应患己不重人。只要自己人格上养深积厚，人际间广结善缘，坚守分际，自然会获得别人的尊重。

念佛四利

念佛是最容易的修行方法，有人念本师释迦牟尼佛，念消灾延寿药师佛，也有人念观世音菩萨或地藏菩萨，但最多的还是念阿弥陀佛。我们看到不管老年人、年轻人、小孩子，周六都会到寺庙共修念佛，甚至还要参加"打佛七"法会。当他眼睛闭起来念"阿弥陀佛……"有什么意思吗？主要我们容易胡思乱想，借由念佛，可以让我们集中意志、统一精神，用正念对治妄念，把妄心息下来。念佛也等于念自己的心，你不断念，念到最后，会把心念得明白起来，念得清净起来，会明白自心是佛，即佛即心。念佛的好处说不尽，以下四点说明：

第一，诸佛守护

我们念佛，佛会守护我们。《阿弥陀经》说："是诸善男子、善女人，皆为一切诸佛之所护念，皆得不退转于阿耨多罗三藐三菩提。"念佛的人，受到诸佛力量的护念、加持，所以心中会有力量，不会恐惧，不会退转。

第二，常遇善友

所谓"爱人者，人恒爱之，敬人者，人恒敬之"。《佛光菜根谭》

也说:"念佛时,自己心念专一,是自受用,他人看了起信,是他受用。"所谓"物以类聚",由于你念佛,想到的都是好人,内心清净,和气迎人,善良的朋友自然会跟你在一起。

第三,福慧圆满

佛经云:"念佛一句,罪灭河沙;礼佛一拜,福增无量""一称南无佛,皆共成佛道。"一句佛号,它包含无尽意义,忆念诸佛万德庄严,里面有无限福德智慧。所谓"一句佛号的舟航,能载罪障,不落轮回苦海;一句佛号的内容,包含三藏十二部经典,是智慧的明灯"。你不断地念,会念出福慧圆满的人生。

第四,命终欢喜

《宝积经》云:"高声念佛,魔军退散。"念佛的人,心无怖畏,正念现前,不会怕下地狱,或堕落到畜生、饿鬼道。老的时候,念佛可以打发时间;临命终时,西方极乐净土现前,会得到安慰、得到欢喜。

所以,白居易有一首诗偈说得好:"余年近七十,不复事吟哦;看经费眼力,作福畏奔波。何以慰心眼?一句阿弥陀;早也阿弥陀,晚也阿弥陀。纵饶忙似箭,不离阿弥陀;达人应笑我,多却阿弥陀。达又作么生?不达又如何?普劝法界众,同念阿弥陀。"养成念佛的习惯,念佛的利益和价值,生的时候也会受用得到。

一个有修持的人,会把"念佛"与生活融合在一起,绵绵不绝的佛号,就如喝水、吃饭、睡觉、刷牙、盥洗一样自然。如此一来,当下就会获得念佛的利益。

四恩总报

人要知恩图报。一个不懂得感恩的人，即使家财万贯，他仍是个贫穷的人；懂得知恩报恩，才是天下最富有的人。俗语说："喝水不忘开井人"，乌鸦尚且知道反哺，羔羊也懂得跪乳，人怎能不知感恩图报呢？佛教有谓"四恩总报"，就是告诉我们有四种恩不能不报，也就是：

第一，父母养育之恩，要孝敬以报

父母恩重，山高水深，《诗经》以"昊天罔极"来形容父母如苍天般广大的恩德，难以回报；《父母恩重难报经》也提到父母的十种恩德，浩瀚至极。对于父母的恩德，我们要如何回馈呢？报答父母恩有三个层次：所谓"生、养、死、葬"，这是属于初级的孝顺；光宗耀祖，使父母光彩愉悦，算是中等的孝顺；引导父母趋向正信，远离烦恼，让父母宗亲得度，永断三途之苦，这才是最高层次的孝顺。

第二，师长教导之恩，要正行以报

师长苦心教导我们，让我们知书达礼，让我们接受正法，我们要如何回报呢？要以"师志为己志""师心为己心"，要做一个正正当当的人，要做一个对社会有益的人，要将师长所教导的学业，充分发扬光大,甚至"青出于蓝,更胜于蓝",如此才能报答师长的教导之恩。

第三,国家护卫之恩,要忠爱以报

国家是我们的根,提供我们生存的环境,保护我们生命、财产的安全。有国家我们才有人权,有国家我们才能安身立命。国家设立学校、美术馆、博物馆、国家公园等,让我们有学习知识、陶冶性情的场所;设立医院、道路、法律、军队等,让我们的健康、生存有保障。所以我们要忠心爱国,要发心为国效命,以此来报答国家的护卫之恩。

第四,众生成就之恩,要回馈以报

人之所以能安然地在世间生活,是因为一切众生的相互成就,我们的生活周围,没有一样不是取之于大众。如农夫种植米麦、果菜,让我们生存;工人建造房子、桥梁道路,供我们使用;商人经营企业,满足我们的日用所需;纺织人员缝制衣物,让我们寒暑适宜;新闻人员贡献信息,让我们能知天下事;甚至公共汽车的驾驶,都给予我们交通便利之恩。所以我们应该回馈社会,以报答众生成就之恩。

人要有感恩心,才懂得回馈社会;有感恩心的人,才能知福、惜福,感恩是人类最珍贵的美德。

人体四大

常有人问："人是怎样形成的?"回答这个问题,要从佛教讲的"四大"说起。

佛法讲,人是假"四大"因缘和合而形成的,"四大"就是地、水、火、风。世间上无论什么东西,都是地、水、火、风等四种因缘所组成。例如建筑一栋房子,钢筋、砖瓦、水泥等坚硬性的东西如"地";水泥需要水的搅拌才能凝固,所以水泥有潮湿性的东西如"水";钢筋需要高温熔铸,才能成钢,所以钢筋有燥热性的东西如"火";砖瓦不但要经过窑烧,还要风化才能成砖成瓦,所以砖瓦有流通性的东西如"风"。

即使是一朵花,也需要有土壤、水分、阳光、空气等因缘助成,花才能开放,所以花也是由地、水、火、风所成就。

人,经由地、水、火、风等"四大"因缘和合而成,因此称"人体四大",就是:

第一,骨肉毛发坚硬性如"地":人体的毛、发、爪、齿、皮、肉、筋、骨是坚硬性的,这是"地大"。

第二,唾涕便溺潮湿性如"水":人体的唾涕、脓血、痰泪、大小便是潮湿性的，这是"水大"。

第三，体温暖气燥热性如"火"：人体的体温热度是燥热性的，这是"火大"。

第四，气息呼吸流动性如"风"：人体的一呼一吸是流动性的，这是"风大"。

人之所以能生存，就是因为四大和合，如果身体有一大不调合，就会呈现病相。所以"缘聚则成，缘散则灭"。

当然，人是由父精母血为缘，生下我们这个四大和合的身体。既然是因缘合则成，因缘灭则散，因此讲"四大皆空"。但是这个"空"并不是"没有"；空，有时候是一种存在的意思。空，是包容的，空，是建设有的意思；因为空，所以"空中生妙有"。比方说，房子是空的，人才能居住在里面，所以"空"才能生"有"。

因为本来没有这个人，四大因缘一和合，不就有人的存在了吗？"四大皆空"就是说，地水火风这四大种的元素，他不能独立存在、不能个体成就，他是假因缘和合才成的。

四知应学

人生是一连串永无止境的学习，对于世间一切学问，我们要有渴求的心态，要有"活到老，学到老"的精神。所谓"法门无量誓愿学"，人应知的学问太多了，在千知万知当中，每个人基本上应该知道的有"四知"。对于"四知应学"，有四点意见：

第一，人能知"道"，则不自矜

人在世间生活，必先知"道"；"道"就是真理，"道"就是我们的路。自古大道在于"理"，所谓"有理走遍天下，无理寸步难行"；理不通，道不懂，就是愚昧、就是糊涂、就是无明。不明"道理"的人，常常自以为是，因此自负、自夸；能知"道"，才知谦虚，才不自矜。

第二，人能知"义"，则不贪取

人能知"道"，还要知"义"。宇宙间的各种学问、各种事业，凡事、凡物都有其意义在其中。一个人对于事物的义理都能深究、都能知道的话，就不会自觉我有所得。因为"道"充满了宇宙世间，"义"则平等无所不在，所以知"义"就不会有"我所有"的观念，便不会贪取。

第三，人能知"德"，则不沽名

君子养德，小人养威；有德之人，人必尊之。中国儒家倡导

"礼、义、廉、耻""忠、孝、仁、爱、信、义、和、平"等四维八德；乃至佛教的五戒十善、四摄六度，都是合乎人间的道德。有了人间道德，就不会任意侵犯别人，更不会胡作非为；有了道德心的人，凡有所做，但为利益他人，不计一己得失，自不会沽名钓誉。

第四，人能知"学"，则不荒嬉

世间的学问，各种技能、各种知识，终其一生，真是"活到老，学不了"。人所应该学习的领域实在太广了，因此现在社会提倡"终生学习"；能够把社会当成一所大学，不断地学习，不断地吸收新知，人生就不会荒废、虚度。

知，是了解、是明白。人生最大的悲哀是无知，是不明理；不能认清世间实相，不能明白因果道理，不能圆融人我关系，不能了知众生同体，这是人生最大的悲哀。

人当四思

　　"我思，故我在"！人因为有思想、有意志，所以会有种种的行为造作。思想是行为的动力，思是因，行是果，一个人如果思想不正确，行为自然产生偏差，因此凡事要"三思而后行"。平常眼睛所看、耳朵所听、嘴巴所说、身体所做，更要谨慎思维，千万不能乱看、乱听、乱说、乱动，否则往往招致无妄之灾！是故"人当四思"，有四点意见：

第一，目欲视，当思其邪与正

　　眼睛是灵魂之窗，透过眼睛才能欣赏五彩缤纷的美丽世界。但是"五色令人盲"，因此当眼睛要看东西时，必先思维应看不应看。所谓"非礼勿视"，不应该看的不要看，对你没有帮助的不去看。尤其现在台湾社会治安不好，有时候随便乱看，看得不当，对方可能捅你一刀、给你一拳，这是很危险的。所以目欲视，当思其邪与正。

第二，耳欲听，当思其是与非

　　"此方真教体，清净在音闻"，娑婆世界的众生，耳根最利，透过耳闻每日接收来自各方的信息。但是有时不当听而听，也会听出烦恼来。所以当耳朵要听声音时，应该先思考这个话能听不能听，适不适合自己听，所谓"非礼勿听"，千万不能不分是非好坏，不管青红皂白，一味地好奇乱听。有时就算听到了，也要思其是与非，不可一味地听信。

第三，口欲言，当思其可与否

人生七窍，眼、耳、鼻都是成双，唯有嘴巴只有一个，表示做人要多听少讲。即使有话要说时，也应思其可说不可说？所谓"非礼勿言"，可以说的话多说几句，无关紧要；不可以说的话，一句也不轻易出口，否则"祸从口出"。因此，话不能乱说，欲说当思其可与否。

第四，事欲决，当思其利与弊

凡事在做决定之前，应该理智地慎思后果是利是弊，有利于人的事，尽管受人奚落、揶揄，也要尽力去做；反之，于人有害，再多的理由也不能从事。有的人决定事情，但凭一时的情绪冲动，结果害人害己，所以事欲决，当思其利与弊。

人因为有思想，故能开发智慧，因此佛教云："以闻思修而入三摩地"。当思想到了极致，就是开悟。

四不长久

佛教讲"诸行无常"，世间的一切随时随地都在生灭变化，因此世界有成住坏空，人身有生老病死，心念有生住异灭。世间的一切都不能久长，所谓"世事无常"，你能认清这个实相，则处顺境时不会太得意，面对失败也不会太挂碍。因为你能明白这是世间不变的真理，就会有力量重新出发，所以我们对于人生"四不久长"，应该有所认识：

第一，人我毁誉不久长

人家称赞我、毁谤我，不必太过计较，一切的毁誉，不会永远存在。陶觉说："闻誉勿喜，且虑其或无；闻毁勿怒，且虑其或有。"我们面对指责，只要能改过，或是问心无愧，毁谤与批评很容易就会过去；面对赞美，只要你懈怠，或是没有增加新知，称赞与荣耀很容易就会被他人取代。因此称讥毁誉，都是缘起缘灭，不会长久。

第二，人情浓淡不久长

人情的厚薄浓淡，不必太在意，世间之事随时随地、随着因缘在改变，因此人情是不可能不变的。俗语说："世事如棋，局局新"，只要能把握当下的因缘，好好与人广结善缘，今日的美好就是明日永恒的回忆。如宋代词人朱敦儒说："片时欢笑且相亲，明日阴晴未定"，真是一语道尽世情。

第三，人世盛衰不久长

人世间有时候兴盛，有时候衰败，这些都是一时的现象，不要太过挂碍，也不要太过计较，因为这是不久长的。以经济来说，繁荣、衰退、复苏、萧条，都是周期性的正常循环现象；以政治来讲，改朝换代是人间常有的事；以国运而言，荣枯盛衰是人世之常情。因此，一时的胜利，如果不继续用心，则会守不住；衰败了，如果能再努力，就会更好。所谓"塞翁失马，焉知非福"，碰到挫折而能以乐观之心勇敢面对，则"山穷水复疑无路，柳暗花明又一村"。所以面对无常，要从积极面去思考，这才重要。

第四，人心爱憎不久长

世间的友情、爱情，有时欢喜有时悲，面对这一切的爱憎，不要太计较。看看历史上，有些被皇帝宠幸的贵妃、皇后，有时不小心触怒皇帝，一声令下就可能被拖出去斩首。再好的夫妻，恩恩爱爱大半辈子，也会因为一点口角而离婚。所以人情是变化无常的，面对人心爱憎的无常变易，无需患得患失，因为这是人之常情！

世情总在无常变化之中，我们要在这不久长的世事里找到个人的安身立命之道，唯有认清、接受世间的无常之理，能从"诸行无常，诸法无我"进而获得"涅槃寂静"，这才是最重要的。

四不非礼

儒家对礼的看法，有谓"非礼勿视、非礼勿言、非礼勿听、非礼勿为"。佛教讲六根不能随便放逸，例如眼睛要慈眼视众生；耳朵要善听、全听、谛听；语言要说善良的语言、真实的语言；身体不可以杀、盗、淫、妄，这也是佛教对"礼"的自我修行。关于"四不非礼"，有四点说明：

第一，非礼不视，其目自明

对于不合礼的、不善的、不应看的，我不看。如史搢臣说："人人私室，勿侧目旁视"，这就是对于非礼的、不是我所有的，我不但视而不见，甚至没有想看的心。如此不但心地清净，让眼睛所见皆是善良，其眼必能明亮，更能以慈眼视众生。

第二，非礼不听，其耳自聪

我们的耳朵要听世间美好的声音，但是，一般人总喜欢听别人不知道的"八卦"消息。除此之外，还喜欢听别人对我的吹捧、谗言，这些声音就像包着糖衣的毒药，让自己萎靡堕落。古德们"闻功则惧、闻过则喜"，是让耳朵听真实之语，并欣然改过，所以我们不要听闲言，不要听是非，不要听粗言恶语，如此耳朵就会清净聪颖。

第三，非礼不说，其口自清

毁谤、讥讽、恶口、妄语、两舌等，不合礼的语言我不说。孙子说："赠人以言，重如珠玉；伤人以言，甚于剑戟。"话一讲出去就像一把无形的刀子，使用不当则必伤人于无形。所以，我们要谨言慎行，不说粗恶、虚妄、沮丧、过头的话；而应该说慈悲、诚实、鼓励、谦虚的语言，如此口舌自然就会清净。

第四，非礼不为，其身自定

孟子曰："善养浩然正气"，就是"礼"的养成。不合礼的事我不做，比方说杀生、偷盗、邪淫等不善的行为不做，如此自然身能安稳，进退得宜，行止合度，浩然正定之气自然养成。

孔子所谓的"克己复礼"，就是要做好自己的本分，不逾矩、不越本分，才是"礼"的表现，否则就是无礼。人若无礼，则与禽兽无异，因此"四不非礼"，人皆应知、应行。

生命四依

渡河要靠船筏，登高要靠阶梯。人从小就要依靠父母的养育，社会大众等诸多因缘的成就，才能生存在世间。但是依靠外界的帮助，所谓"靠山山倒，靠人人老"，因此人生最大的依靠是自己，自己有信心、有智慧、有慈悲喜舍之心，才是最有力的依靠。"生命四依"，有四点说明：

第一，以信心为手杖

人生在世，要想获得别人的肯定，必须对自己产生信心，没有信心的人，就无法给人信心；自己都不能肯定的事，当然也不能取得别人的肯定。信心就如手杖一样，老年人有了手杖，就能步伐稳健，行走安全。在人生的旅途上，如果我们有了信心作为手杖，就不怕路途遥远，崎岖难行，而能安然抵达目标。所以，信心就是手杖，信心就是力量。

第二，以智慧为明灯

智慧就像一盏明灯，昏暗的室内有了灯光的照明，则"千年暗室，一灯即明"。人有了无明，要靠智慧来照破，智慧的明灯可以破除无明愚迷。所以，当我们面对人生的是是非非、好好坏坏，有很

多的不懂，有很多的难解，要靠着智慧来辨别是非，明白善恶，权衡
轻重，知道好坏。智慧就是我们的明灯，因此佛教非常重视般若
智慧。

第三，以慈悲为宝筏

佛法里常将人生比喻为"茫茫苦海"。在无边的苦海里，我们
必须要有一艘救生艇、要有一个宝筏，借此才能安渡彼岸，而不会
被海浪给吞没。什么是我们的苦海茫茫的宝筏呢？慈悲！我有慈
悲心，就不怕坏人陷害，就无惧恶人加害。甚至于野兽见到有慈悲
心的修道者，它都会心生尊敬，不会加以伤害。所以慈悲是横渡茫
茫人海的宝筏。

第四，以喜舍为珍宝

一般社会人士，生活中总要积聚许多的钱财、珍宝，诸如土地、
房屋、股票、黄金、钻石，甚至美钞等。其实我们真正的财宝，就是
喜舍。你能欢喜服务、奉献，乐于助人、结缘，从喜舍中培养因缘，
就是我们无上的珍宝。

因此，人生如大海，如何从痛苦的此岸到达快乐的彼岸，必须
依靠佛法的慈航普渡。

处世四不可

　　人在世间生活，总离不开亲情、友情、爱情。有的人能将"情"运用得轻松自如，有的却被"情"所困，搞得身心俱疲，甚至昏头转向，惹来祸事。曾国藩认为交友贵在"推诚守正，委曲含宏，而无私意猜疑之弊"。其实，不论是友情、爱情或是亲情，都要有雅量与包容，才能恰如其分地与各种人相处，而不会被好坏得失所困。关于"处世四不可"有四点意见：

第一，对恶人不可树敌

　　俗语说："一样米，养百样人。"人有好坏、善恶、圣凡、贤愚等不同。与好人、贤人、善人相处，他不会为了枝节小事与人计较，甚至你忽视他的存在，他也不会在意。但是对于恶人，如果你占他一点便宜，甚至跟他结怨、树敌，他必然会怀恨在心，时时计划如何阴谋暗算你。所以管子说："宁过于君子，勿失于小人；过于君子，其为怨浅；失于小人，其为祸深。"所以，不与恶人树敌是保身之道，否则就像在自己的身边，埋了枚定时炸弹一样危险。

第二，对朋友不可欺负

　　对待朋友，不要只想得到利益，因为朋友之交贵义，彼此之间应该以信用、品德、正义、知识往来，而不是在利益上相互计较，或是在名位上相互觊觎，甚至在智能上相互比较。隋朝王通说过："以势交友，势倾则绝；以利交友，利穷则散。"朋友往来要能相互扶持、相互鼓励，更要彼此尊重，不能自恃才高，因而处处占人的便宜，甚至瞧不起他人、欺负他人。能够以平等、共荣、共尊往来，才是真正的友谊。

第三，对亲人不可疏远

对待亲人、眷属，不可以太疏远，如果因事忙碌而疏远，要找时间关心问候；如果背亲离乡，远赴外地，也要时常打电话或写信嘘寒问暖、分享生活点滴。人，不管是小孩、青年、老年，对于亲情的需求，都是不可或缺的。因为亲人是你永远的靠山，亲人也是眷顾你长大的支柱。人要有感恩的心，要对亲人保持亲切往来，但不需要形式上的应酬，而是发自内心的笃实恭敬。

第四，对情爱不可迷恋

不管对什么人，投入太多的感情，都是一种束缚。有的人对物品太过迷恋，却被物品桎梏；有的人爱花鸟虫鱼，花鸟死了，却如丧考妣；有的人爱父母、亲人，却被亲情缠绕牵制；有的人爱异性情人，却作茧自缚、痛苦不堪，甚而自伤伤人。佛陀说："怨憎会苦、爱别离苦。"情爱的煎熬痛苦，来自占有执着的心。因此，淡化爱嗔、净化情爱，将迷恋的情爱升华为奉献，才能免于痛苦。

"爱不重不生娑婆"，人，是感情的动物，人的一生离不开亲情、友情、爱情，在各种情爱当中，如何透过良性的互动，善加处理人与人之间的关系，是人生的重大课题。

四有的深意

孔子的学生仲弓出身贫寒，但其德行被孔子誉为有"王者之相"。所以一个人只要有内涵、有才华，所谓"英雄不怕出身低"，终究能受人重视；反之，自己德学不具，即使出身名门，也不会受人尊敬。因此，一个人的成就，重要的是自己要具足各种条件与能力。"四有的深意"，有四点说明：

第一，有志不在年高

有的人活了大半辈子，一生中却毫无所成，因为他没有志向，没有立定目标。假如有志的话，年龄大小并不重要，例如甘罗12岁拜相，项橐7岁与孔子辩论，被称为"孔子师"，因此一个人立"志"，是很重要的。

第二，有理不在声大

我们常看到有的人说话时，总是扯开喉咙，脸红脖子粗地大声说理。其实这是不必要的，只要你有理，即使小小的声音，也能震撼人心。同样的，如果你没有理，即使声音如雷、喊破喉咙，别人也不一定信服你。所以与人沟通，除了要听听别人的看法，设身处地为他人着想以外，更要以"理"为出发点，不可以硬将自己的思想加诸别人身上，强迫别人服从，往往适得其反。

第三，有心不在言表

凡事只要有心，不一定要用语言多加解释说明，用心就能让事情做得更好。因为用心，才能观察到一切的细节；用心，才能感受到别人对你的关怀；用心，才能省察到自己的缺失；用心，才能发现他人的需要。一个不肯用心的人，对周遭的事物必然是视而不见，听而不觉，食而不知其味。如此之人，在生活中即使多做言语表态，亦难以和他人契理应机。

第四，有才不在现用

有的人才能很高，他怕别人不知道，怕自己没有"用武之地"，因此急于表现。其实只要自己有才能，不怕别人不主动求教。看看三国时期，刘备与曹操"青梅煮酒论英雄"；周朝时，姜太公在渭水"离水三寸无钩垂钓"，他们都是在等待适当时机以便一展长才。由此可以了解，只要自己有才华，何必急于一时的表现呢？

俗语说："唯有埋头，才能出头。"谦卑礼让是韬光养晦，是养深积厚。只要自己有真才实学，就不怕没有出人头地的一天。如姜太公告诉武王说："先谋后事者昌，先事后谋者亡。"所以凡事只要有"志"、有"理"、有"心"、有"才"，还怕没有成功的一日吗？

四事不可靠

　　人生在世，什么最可靠？靠父母亲友，父母亲友有一天会离我们而去；靠社会国家，社会国家如果治理不当，也会动乱不安；靠房屋田产，天灾人祸一来更是难保永恒。所以世界上的一切都是无常变化，都不是永恒不变的，例如年少力壮终会衰老、身强体健终会死亡、亲朋眷属终会别离、金钱财宝终会耗尽。关于"四事不可靠"，说明如下：

第一，年少力壮终会衰老

　　宋朝朱熹说："少年易老学难成，一寸光阴不可轻。"有的人仗恃自己年轻力盛、青春貌美，所以尽情玩乐、虚度光阴，不知趁着年轻好好学习，等到年老力衰才来感慨岁月无情，却为时晚矣，只有徒叹奈何。懂得人生无常，知道年少力壮终会衰老，那么就应该善加利用时光，好好充实自己的知识、能力与见闻，增加自己精神上的智慧，这才是永不衰老的生命。

第二，身强体健终会死亡

　　有的人依赖身强体健，但是健壮的身体究竟能保持多久呢？世界上无论你是达官贵人、无论你多么的富甲天下，终归难免一死，所以身体是不可靠的。江淹在《恨赋》中说："自古皆有死，莫不饮恨而吞声。"在一期的生命中，无论是朝生暮死或是百年一世，我们都应该好好提升自己的生命价值，充实自己的心灵内涵，发挥璀璨的生命之光，才不会空到人间走一遭。

第三，亲朋眷属终会别离

人生聚散无常，再好的亲朋好友总有离开我们的一天，如《大般涅槃经》说："一切诸行皆悉无常，合会恩爱必归别离。"世界上没有人可以永远长相聚守，这就是佛教所谓的"爱别离苦"。因为生老病死本是世间实相，了解无常苦空的人生实相以后，就能看淡一切，而不会为亲朋眷属远去而苦，生活自能安然自在。

第四，金钱财宝终会耗尽

有的人仗着家里有钱，整日吃喝嫖赌、挥霍无度，又不事生产，尽管祖上留下再多的财富，终有坐吃山空的一天。所以佛法说，财富为"五家"所共有：贪官污吏可以假借权势，敲你竹杠；水火无情，可使你的财富毁于一旦；土匪盗贼，可强迫你交出所有财富；不肖的子孙，可让你倾家荡产。所以金钱财富也是靠不住的。

知道了"四事不可靠"，那么世界上究竟什么才是靠得住的呢？慈悲、智慧、欢喜、人缘、道德、佛法，才是真正可以依靠的东西。因此我们应该开发内心的能量，这才是永恒的财富。

行为四戒

《佛光菜根谭》说："戒是安乐的根本，无戒则纷乱必起。"戒不是束缚，而是规则；戒不是拘束，而是纪律。生活中有了规则、纪律，行为上就不会逾矩、脱序，如此才能得到真正的自由，才是真正地善待自己。兹有四点意见提供：

第一，做人不可患得患失

世间无常，一切都在不断地变异生灭之中。人有生老病死，心有生住异灭，世有成住坏空，你想要没有生老病死等，必定事与愿违。尤其心里的患得患失，就会生起种种挂碍、恐怖，终日忧虑，不能安然自在，所以生活里千万不要患得患失。

第二，做事不可顾此失彼

世界上的人事复杂无比，常常会顾此失彼，有时顾到这个人，忘记那个人；有时重视这件事，疏忽了那件事。所以，做人处事，要能"横遍十方，竖穷三际"，凡是彼此的互动，事前的计划，必须要考虑周全；对于前因后果、左右关系，都要有全方位的认识。

第三，说话不可自吹自擂

《法华经》说："是人舌根净，终不受恶味，以深净妙声，闻者皆欢喜。"说话，要有条理，要有原则；说话，要谦虚有礼，要柔和善良。说话不可自吹自擂，哗众取宠，因为傲慢自大，不仅不会受人尊重，也不会获得别人的信任与认同。

第四，走路不可摇摆蛇行

有的人走路摇摆蛇行，奔跑跳跃。平时站没站相，弯腰叉手，倚墙靠背，坐下来的时候，东倒西歪，坐没坐相。所谓"行如风，坐如钟，立如松，卧如弓"，没有四威仪，就会被人看轻，就很难在人群里受人重视。

一个人内在的道德仁义，别人不容易一下子就看出，但外在的生活威仪却能一目了然。行为不端庄，轻浮暴躁；自己的眼耳鼻舌身都管理不好，如何给人看得起呢？所以"生活四戒"就显得非常重要，应该时时自我检验。

四等资质

佛陀在《阿含经》里说，世间有四种马：第一等马，能与御者心意相应，只要车夫扬起马鞭，就会风驰电掣地向前跑；第二等马，只要车夫吆喝一声，就知道要加快脚步奔驰；第三等马，必须御者鞭策，才能惊觉快行；第四等马非常驽钝，即使狠狠抽打，也不肯快行。我们看世间上的人，各有各的脾气、性格，也可区分为上等、中等、三等和劣等四种人：

第一，慈悲厚重是上等资质

慈悲厚重是做人的根本；慈悲没有敌人，厚重必为人尊。一个待人慈悲厚重、待己严格谨慎的人，诚所谓"严以律己，宽以待人"，如此才能让人尊你为圣贤君子。所以，为人慈悲敦厚，这是上等人的资质。

第二，笃实才华是中等资质

世界上有的人做人老成实在，但欠缺才华；有的人才华横溢，却不够诚敬笃实。如果做人笃实，做事又能适时展现才华，应该就是属于中等人了。

第三，老练圆滑是三等资质

有的人做人处事非常老练，也非常圆滑，任何时候他都跟你打哈哈，懂得讨巧，但不务实。对于自我的利益非常重视，时时提防，唯恐自己吃亏。与人相交，看不出他的诚意，也无法了解他的真心；虽不会说话得罪别人，但也不会真诚以待，这是第三等资质的人。

第四，虚浮夸大是劣等资质

更有甚者，有的人虚浮夸大，做人工于心计，善于伪装，常常算计别人的利益，占尽别人的便宜，让周遭的人吃他的亏、上他的当、受他的气，这种人无才无德，应该算是第四等的人。

我们自己是哪一等人？这需要经常自我检讨：我明理吗？我懂得惭愧吗？我有感恩心吗？我在道德品格上能不断力求上进吗？唯有不断自我观照、自我反省、自我改进，才能不断进步。

求法四想

在社会上，做一个学生要求学；做一个宗教徒要求法。学生求学，要懂得自我用功；信徒求法，也要懂得求法的要领。在佛经里讲到求法要有四种想法：

第一，于自身心，生病苦想

你要求知识、求技能、求学问、求佛法，首先必须自觉自己本身的不足。所谓"耻有所不知、耻有所不足"。懂得自己的不足，才会上进；就如有病了，才要看医生。一个人没有知识、没有学问，也是人生之病，一定要找高明的医生来为自己治疗。所以，求法的人，对于自己的缺陷、不足，要生病苦想。

第二，于善知识，生医王想

我们遇到好的老师，遇到善于教导我们的圣贤、善知识，我要把他当成医王一样，要想：我找到名医了、找到专家了，我要信赖他、依靠他，让他来替我治疗疾病。所以，一个对善知识能生医王想的人，就能得救。

第三，于所说法，生良药想

学生上课，对于老师讲的话，你要注意听，要去思维、接受；不接受，永远不会成为你的。身为一个宗教徒，要听善知识的指导，要虚心接受；不接受，就无法受用。如同医生开药方给我们，我要照着药方抓药来吃；你不吃，病就不会好。所以佛经里佛陀曾说："我如良医，知病说药；服与不服，非医咎也。"意思就是说，再好的医生，开了药方给你，如果你不吃药，病永远不会好，这只能怪自己，不能怪医生无能。

第四，于所修行，生除病想

我们平常讲修行，就是要"修正"过去不好的"行为"，也就是说，为什么要修行？因为身心有了问题，有了毛病，所以要修正他、治疗他。比方说，贪欲心重的人，"贪心"就是病，你必须要有"喜舍心"的药来去除；嗔恨心强的人，"嗔心"也是病，你必须要有"慈悲心"来去除；邪见心、愚痴心等，都是病，必须要用"正知正见"的药方来去除。

进德四莫

每一个人，在世界上做学问，总希望学问能进步；创造事业，也希望事业能成就。尤其在道德修养上，更希望日有所增，时有所进。至于如何增进道德，有"进德四莫"提供参考：

第一，安莫安于满足

人生最大的希望是平安。平安不是靠佛祖、神明赐给我们的，平安要靠自己创造平安的环境、平安的条件。平安的条件，最重要的就是要满足。对于名位，你能满足，自然没有人能阻碍你；对于财富，你能满足，自然不会妄心贪求，更不会侵犯别人，如此自然能得平安。

第二，危莫危于多言

俗语说："言多必失"，有的人不经意地说错了一句话，或泄漏了一个机密，惹来杀身之祸，所以"危莫危于多言"。其实说话的目的，主要是沟通彼此的思想、看法，一句话说出来，除了传达自己的意思，也要能让对方欢喜接受；如果经常发言不当，造成对人的伤害，最好能学习古人"沉默是金"。再不然，至少要能先思而后发言，如此可以减少说话的过失。

第三,贵莫贵于无求

一个人,不必以华丽的衣着来妆饰自己,应该重视的是内在的修持,要以高贵的气质来涵育自己,以道德修养来庄严自己。所谓"人到无求品自高",有的人因为贪心、多求,自然为人所看轻,因此,人要懂得自尊自重,人能无求,高贵的品格、清净的自性自然能升华起来。

第四,贱莫贱于无格

古人云:"无位非贱,无耻为贱。"一个人的道德观念有多重,人格就有多高。有的人虽然有钱有势,但到处被人瞧不起,因为他不重视道德人格的涵养,例如言语轻浮、行为不检、背信忘义、贪得无厌等,如此作践自己,当然不会被人所看重。因此,人间最美、最宝贵的,就是道德、人格;反之,一个人无德、无格,最为卑贱。

完美的人格、高尚的品德,是从实际生活中锻炼出来的。

律己四要

人，习惯要求别人"你要怎么样""你应该怎么样"，如果无法达到目的，便容易生气，甚至反目成仇。实际上，要求自己比要求别人更重要，一个懂得律己的人，他懂得自爱，必定能够获得别人的尊重，所以人要自律，有"律己四要"提供参考：

第一，具有主见，则不轻信他人

有的人耳根子太软，这个人讲是就是，那个人讲非就非，毫无见地；有的人立场不稳，就像墙头草，随风两面倒；有的人没有主见，人云亦云，永远是一个听众，永远做不了自己的主人。做人要有立场，要有主见，才不会随便轻信他人之语，才不会被人牵着鼻子走。

第二，独立生活，则不依赖他人

小鸟长大了，要离巢而飞；动物长大了，也要离开母体而生存。一个人不能老是存心依赖他人，总是要求父母供给我钱财富贵，仰望亲戚提供给我帮忙资助，或是希求国家社会不断供应我的所需。人要有独立生活的主张，甚至不但要自立自强，当自己生活有力量的时候，还能够再去随喜帮忙别人。

第三，光明磊落，则不批评他人

《礼记·大学篇》说："十目所视，十手所指，其严乎！"宋朝陆九渊也说："古人谓戒谨乎其所不睹，恐惧乎其所不闻，庸敢有戏论乎？"一个光明磊落的君子，无论走到什么地方都是堂堂正正、光明磊落，不会在背后议论别人的长短，也不会落井下石，批评别人的得失。一个人如果不守口德，常常批评、议论别人，难道别人就不会在背后批评、议论你吗？尤其是背后的议论，一旦传到他人的耳中，不但让其伤心、寒心，对自己更是不利。

第四，正直无私，则不伤害他人

元朝刘唐卿说："见义当为真男子，则是我正直无私大丈夫。"正直的人没有私心，他不会在暗中耍手段，用计谋去伤害别人；即使在无人之处，他也会持心端正，无愧于天地，此即所谓"君子不欺暗室"。

宋朝林逋的《省心录》说："倾财可以聚人，律己足以服人，量宽足以得人，身先足以率人。"知己、律己，是立身处世之要道；容他、助他，是人际相处的良津。一位善于论人的人，察己必疏；相反的，善于自省者，律己必甚严。

为学四要

要完成任何事，都要知其诀窍、要领。建一栋房子，要先有设计图、准备各式建材，技术人员施工等；做一件衣服，要先设计款式、画出样板、选择布料，以及裁缝师的缝制等。先有规划，按部就班实行，才能达到预期的效果。同样，要拥有扎实的学问，也要具备各种要领。为学的要领，归纳为四点：

第一，要学而不厌

"学然后知不足"，知不足，才有求上进的动力。一旦满足所学，就会生厌停顿。连庄子那样的大哲学家，都要慨叹："吾生也有涯，而知也无涯"，何况一般人对学问，怎么可以浅尝辄止？除了知不足，还要"不耻下问"，所谓"闻道有先后，术业有专攻"，如果碍于面子，即使不懂，也不敢或不屑请教别人，那就与"进步"无缘。

第二，要精益求精

学问愈钻研，愈能体会个中滋味。以量子物理为例，以前质子或中子被认为是最小单位，后来物理学家又发现，质子和中子是由三个"夸克"组成；又如"纳米"科技的发明，将分子电子学向前推进一大步。这些推陈出新，都是精益求精得来，保持这种态度，才会不断超越。

第三,要自我改善

学习不能抱持"以不变应万变"的心态,应随着学问的进展而调整学习的方法。如果能以"觉今是而昨非"的眼光来督促自己,必然更鞭策自己不断改善,日将月就,积累每日、每月的点滴工夫,学问才能有所成就。

第四,要不断更新

吸收新知是一门重要功课,信息日新月异,若不积极吸收新知识,很快就会遭到淘汰。佛陀在《八大人觉经》中教诫弟子要"常念广学多闻,增长智慧,成就辩才"。即使菩萨要教化众生,也需广学八万四千法门,才能应付众生种种的需求。

所以真正会读书、会做学问的人,要像海绵一样,随时吸收新知,并灵活运用。

四重之要

古谚语云："为学尚厚实，不重花巧，毕竟沃枝叶，不如培根本。"用来比喻为人做事，必须从基础的根本处做起；就好像浇灌树木的枝叶，不如从根部培养起，才能发挥究竟之真实义。什么是做事的根本真实义呢？

第一，语言重在流利，更重在得体

我们跟人讲话，要紧的是要讲得很流利，不能参差、颠倒，但是更重要的是得体。《论语》记载孔子在家乡和人谈话的时候，态度谦虚恭顺，就好像一个不会说话的人；但是，在宗庙、朝廷上讲话的时候，就非常明白流畅；与士大夫说话时，又表现得刚强而正直。

佛陀说法时，更是观机逗教，应机说法。佛陀教导在家弟子，以奉行五戒十善，获得现法喜乐的人乘法为主；教导出家弟子，则重在都摄根门，勤修禅定等修持，以证悟涅槃妙境。儒家贤人、佛教圣者的言谈，皆是得体的表现。

第二，衣着重在朴素，更重在实用

人不能不穿衣服，衣服不但可用来御寒，更是人的礼貌、尊重。当然我们穿衣服时要重视简单朴素，更重要的是实用。什么实用？

意喻在什么场合,就要穿什么样的衣服,不能错乱,不能不讲究仪容。例如工作时要穿工作服;睡觉时要穿睡衣;会客时当然就要穿礼服了,否则岂不有失礼节。所以衣着以实用为第一真实之义。

第三,文章重在通畅,更重在内容

一个文人、作家,把文章写得很通顺,并不算是有可读性。文章重在有丰富的内容,让读者感觉到文章里面发扬的义理和教示;让读者读了以后得到很多知识、感动和启发,这才是文章第一真实之义。

第四,表达重在明白,更重在真诚

我们和他人的沟通表达,要强调字句清楚明白,但更重要的是态度要真诚。真诚的态度用在文字上来表达,可以传达思想;用在语言上来表达,可以传达感情;用在手势上来表达,可以让人体会真心妙用。所以不管你用什么方法来表达,都要真诚实意,这才是表达的第一真实之义。

修身四法

修身是生活的基本，如果一个人不讲究修身，又何以能过好每一天的生活，进而拓展生命的领域？《大学》载："身修而后家齐，家齐而后国治，国治而后天下平。"意指修养自身，治理好家务，即是一切事业的基础。所以自古以来的君子文人，都是讲究慎独以修身。《佛治身经》载："己得身心教，复不难教他，若欲教余者，先须教自己。"也说明做一个老师，首先要修养自身。在生活中如何修身？有四点意见提供大家参考：

第一，以朴素为生活

简单朴素的生活，不论从身体上还是从精神上看，对人类都是有益的。生活朴素的人，不为形役，不为物转，对于生活中的一切所有，有重新估定价值的看法。所以朴素的生活可以使人知足常乐，更能使人趋向真理。

第二，以慈悲来待人

一般人对自己所爱、所熟识的人施予慈悲，相当容易，但是对于陌生人，甚至怨怼的人，就难以生起慈悲了。慈悲是升华的大爱，是平等的包容，所谓"大慈与一切众生乐，大悲拔一切众生苦"，才是真慈悲。如果生活中能以《优婆塞戒经》所载，尽量做到"不念自利，常念利他，身口意业所作诸善，终不自为，恒为他人"，就能算是以慈悲待人了。

第三，以忍耐来处事

有句话说"小不忍则乱大谋"，是告诉我们，面对逆境选择退步的人，不是怯懦怕事，不是保守消极，而是做事成功的不二要则。《罗云忍辱经》载："世无所怙为忍可恃，忍为安宅灾怪不生，忍为神铠众兵不加，忍为大舟可以渡难。"《本生心地观经》也说："世间众生同父母，我如男女行孝养，被他打骂不嗔嫌，勤修忍辱无怨嫉。"是处事和平成功之法。

第四，以结缘来交友

大慈大悲的观世音菩萨，三十二应化身，常为众生作"不请之友"。所以，人民将最好的厅堂用来供奉观世音菩萨，称念观音菩萨的圣号，礼拜观音菩萨的圣容，皆因观世音菩萨广结善缘。我们也要学习观世音菩萨的精神，不必等到别人有求于我，我就能主动去关怀众生，尽量满足大众的需求。在生活中，随手布施、随口赞叹、随心祝福、随意结缘，都可聚沙成塔，成就无边的功德善缘，结交无量的善友。

"好"之四弊

正当的"爱好"，对我们是有利的；不当的"爱好"，对我们是有弊的。《左传》载："吴王好剑客，百姓多创瘢；楚王好细腰，宫中多饿死"；帝王好小脚，才有裹脚的陋习。这就是喜好的弊端，桀纣幽厉贪图酒色，所以遭到亡国之难。像周敦颐爱莲，像陶渊明爱菊，爱山爱水都是陶情养性的好习惯，所以关于爱好之弊，下列四点说明如下：

第一，好嗜欲，则贪爱生

有的人欲望很强烈，比方说贪财好色、贪花恋酒、贪小便宜、贪图荣华、贪婪无厌，甚至私窃他人之功，侵占别人的成就，这些都是因为贪心不足，不明因果关系，痴心狂妄，陷入欲望之深谷。蚊虫贪光而死，鱼虾贪饵而亡，所以为人不能贪小失大，拥有得失，各有因缘，只有培植因缘，何患没有果报呢？

第二，好利养，则增私心

有的人喜好人家的恭维、喜好他人的利养，在贪图便宜、贪图富贵、贪婪利养，就是一个喜好修道的人也喜好做上中前，所以在名关、利关、恭敬关的诱惑下而无法突破，即使修行数十年也无法成功，佛陀曾说过："骡子怀孕了，芭蕉心实了，小人的供养多了，就离死期不远了。"所以有私心的人，不能不努力去除私心，孙中山倡导天下为公，我们赞美有道德的人，说他公而忘私，我们不能不注意这些好的习性。更要记取"以羊诱虎，虎贪羊而落井；以饵投鱼，鱼贪饵而忘命"的教训。所以，莫贪一时的蝇头小利，而忘记后面的大灾祸。五欲之害就如刀口之蜜，以舌舔之，则有割舌之患。

第三，好阿谀，则小人合

有的人，欢喜听好话，欢喜有人捧场、赞美，所以一有了阿谀的喜好，那许多逢迎谄媚，顺从意旨，专门吹牛、拍马屁逢迎的小人，都会来跟你撮合在一起。君岂不知？那些小人交友起初亲密狎昵，让你犹如吃到美味一样，但是一旦你失意的时候，他的态度立刻变换如两人，甚至对你气势凌人，把你当作仇敌看待。所以交友之道，要以义为重，能患难相交，像管鲍的友谊，成为千古人间美谈。

第四，好胜负，则挂碍升

有的人胜负得失之心十分强烈，什么事情总欢喜和人较量，欲胜他人、要比人强、要比人高。如果是正当的竞争，倒也罢了，但是大多时候都是暗箭伤人，把痛苦给人，自取其利，这就不值得说了。古来君子有争但不伤人。例如赵国廉颇大将军与蔺相如上卿争胜，东汉贾复与大将寇恂计较，所幸及时改变观念，消除误会，才不至于酿成国祸。

卷三 ｜ **人生四要**

人生在世，最重要的要活得健康，
活得富有，活得尊严，
活得出自己的风格仪范来。

人生四要（一）

有人认为，人生只要过得踏实，不在于长短，只要过得真切，不在于繁华。也有人说，决定人生的，不是际遇而是态度，不是贵人而是实力，不是神迹而是努力，不是幸运而是付出。每个人都希望人生过得平稳，过得有意义，究竟人生应该怎么创造？列举"人生四要"：

第一，要增加信念

一个没有信念的人生，就像没有根的浮萍，失去了根本，迷失了方向，只能随波逐流。有信念的人，具足信心，具有坚定的意志、坚强的毅力，面对事情，就会全身充满斗志，不怕跌倒，不怕失败，做什么事情就容易有成。

第二，要发挥性能

花草有其性能，懂得运用，一花一草都是良药；树木有其性能，适得其性，大小枝干都是材料。人也有人的性能，要了解自己的性能、长处，依照专长发展，比方文学、艺术、建筑、管理、行政、农业……将自己的能力开发，将自己的性能发挥，人生就能过得充实有意义。

第三，要培养功力

所谓"外行人看热闹，内行人看门道"。无论做什么，都要有功力。练武的人，不只是招数变化，更讲究修身的功夫；烹饪的人，不但要求菜色香美，更重视心意的供养。做人也要增强各种功力，如信用、诚恳、慈悲、精进等等，以此来培福进德，并增长自己的内涵与实力。

第四，要计划未来

不会生活的人，只想到眼前要做什么，走一步算一步，因此匆匆忙忙，容易出错。会生活的人，事先做好计划，事先预备妥当，所以从容不迫，有条不紊。生活不只是看现在，还要看未来，在生活、读书、进修、经济、家庭、休闲各方面，做出三年、五年、十年的计划，乃至一生的计划，甚至是来生计划；人生有计划，心里就有预算，也才能踏实。

生命短短数十载，有的人懒懒散散，昏庸度日；有的人汲汲营营，斤斤计较；有的人踏踏实实，务本生活；有的人则进德修业，有着高尚的人格。

人生四要（二）

　　什么事对我们的人生最重要？由于每个人的生活目标不同，所求不一，所以很难说什么最重要。有人认为生命最宝贵，没有生命，一切的荣华富贵都如粪土；有人觉得生命诚可贵，爱情价更高；但也有人主张，若为自由故，两者皆可抛。大致说来，除了生活所需的物质条件以外，欢喜、满足、慈悲、真理，应该是人所皆需的，可以并列为"人生四要"。兹说明如下：

第一，欢喜是人生的良药

　　人的毛病很多，例如忧愁、悲苦、伤心、失意，这是人生的大毛病；心理不健康，不容易上进。有了心病怎么办呢？欢喜、开朗、乐观、积极是人生的良药。一个人能在生活中感到前途有望，对人生充满了乐观、积极的想法，不断地从心里涌现欢喜、快乐、禅悦、法喜，这许多良药可以治疗我们的烦恼、忧愁、伤心等毛病，所以欢喜是人生的良药。

第二，满足是财富的泉源

　　快乐在满足中求，烦恼从多欲中来。人生不一定要追求荣华富贵，只要能"满足"即能圆满。满足是财富的泉源；不满足，就是代表贫穷。有的人家财万贯，但不见得就能满足，或是有了财富也不懂得运用，这就是富贵的穷人。也有些人虽然经济上贫穷，但是他看到世间的美好，每天都有欢喜心、满足感，虽没有财富，那也是富贵的人生。所以，满足于自己所拥有的，才是一个富足的人。

第三，荣誉是增上的品格

荣誉是人的第二生命，人要爱惜自己的名誉。一个人活在世界上，不懂得惭愧，不知道羞耻，不重视自己的人格，不爱惜自己的荣誉，那与禽兽何异？所以《佛遗教经》说："惭耻之服，无上庄严"，惭愧心好像衣服，穿在身上可以庄严身心。

第四，行善是道者的风仪

"气质从智慧而来，美丽从慈悲而来"，修道者的风仪则从行善而来。行善做好事的法门很多，例如用慈悲的语言度人、用慈悲的眼光待人、用慈悲的面孔对人、用慈悲的双手助人、用慈悲的心祝福人。主要你有慈悲心，不断地行善助人，这就是一个有道者的风仪。

人生在世，最重要的要活得健康、活得富有、活得尊严，活得出自己的风格仪范来。

人生四品

俗语说:"三岁看大,七岁看老。"孩童虽小,但是从他的行为、性格、品德,即可以看出他的未来,甚至评断他的一生有无作为,因为一个人的成就,跟他的人品有很大的关系。"人生四品"有四点看法:

第一,为人要有品德

做人最要紧的就是人品与道德,一个人宁可没有金钱地位,但不能没有人品、道德;宁可没有土地房屋,但不能没有人品、道德;宁可没有事业名望,但不能没有人品、道德,因为人品、道德是一个人所拥有最大的尊严与资产。

第二,做事要有品质

做人要低姿态,做事要高品质,品质就是信誉。现在工商业界,无论生产什么产品、货物,都要求品质管理。很多人在事业上所以能异军突起,获得成功,就是他对自己的产品要求很严。反之,有的人投机取巧、偷工减料,想要降低成本,以"鱼目混珠"来欺骗消费者,其结果往往自食恶果,受到社会大众的唾弃而失败,所以做事要讲究品质,这是成功的要件。

第三，立业要有品格

每个人在创业的时候，莫不希望一举成功。但是成功的条件很多，天时、地利、人和，以及能力、资本之外，还要有专业的智慧与坚毅的信念。因为社会上无论哪一个行业，在众多同业激烈竞争下，要想开创出自己的一番天地，不管事业的经营或处世的态度，都要有自己特殊的品位与风格，才能独树一格，赢得青睐。

第四，生活要有品位

人与猪、马、牛、羊不同的地方，在于人的生活除了讲究三餐温饱以外，还讲究生活的品位。例如有人以游山玩水、莳花植草作为人生的品味；有人以读书写作、教育英才为他的生活品位。宋代林逋隐居西湖孤山，以种梅养鹤自娱，人称"梅妻鹤子"；唐朝的大梅法常禅师，以草衣木食为生活，他们都树立了隐士高逸的生活品位。现代社会上有很多人觉得自己的生活太单调，原因就是他不重视生活的艺术，所以人生能多讲究一点生活的品位与艺术，日子才会过得多姿多彩，生活才有意义。

人生四钥

地势险要之处，称为交通锁钥；治学也有要点，称为入门宝钥。人生里，什么对我们最重要，那就是我们人生的锁钥。人生钥匙有哪些？四点如下：

第一，欢悦是人生的良药

身心不健康，不易积极奋进，就无法发挥生命的价值。尤其人有忧愁、悲苦、伤心、失意等情绪，如何治疗这些人生的大毛病。乐观、欢悦就是人生的良药。例如 1964 年西方有一位诺曼·可辛斯先生，得了僵直性脊椎炎，他在自传里说："每次大笑 10 分钟之后，疼痛大为减轻。"乃至得到 2 个小时的安稳睡眠。一年之后，竟不药而愈。因此常保乐观、喜悦可以治疗我们许多身体上的毛病。

第二，满足是财富的泉源

俗话说："人心节节高于天，愈是有钱愈爱钱"，人心欲海的不满足，实在难填。因此，人生最重要的，除了欢乐以外，就是"满足"。有满足的心，你说一句话，我听了好满足；你做一点好事，我看到了，感到好满足；我自己获得一点东西，就觉得好满足。这种满足感，就是财富的泉源。假如什么都不满足，时时感到不够，那你就贫穷了。

第三，荣誉是增上的品格

荣誉是人的第二生命。一个人生在世间，不知道惭愧，不知道知足，不重视自己的荣誉，跟禽兽可说没有什么不同。所以《佛遗教经》说："惭耻之服，无上庄严。"惭愧心，如一件好服，它让我们自尊自重，荣誉增上，不断自我超越，心地也就柔软、升华，庄严起来了。因此，常怀荣誉心，爱惜羽毛，可以增上品格。

第四，行善是道者的风仪

在世间上，人最重要的不只是为自己，主要是有慈悲心。能不断地慈悲行善，帮助别人，才是一个有道者的风仪。你说："我想帮助别人，但我没有钱，怎么帮呢？"不一定要钱。你会讲好话吗？讲好话就是帮助别人；你有力气吗？帮忙做义工，也是对社会有所贡献。你说："我也没有时间做义工，也不会讲人的好话。"你可以用心为人家祝福，为人家欢喜，这就是一种道者的风仪。

人生四理

做人要明理，不只是明白道理，还要明白心理、事理、真理、情理，此中蕴含很深的人生哲理，说明如下：

第一，在危难之中，先要安定心理

在人生的旅途上，每个人难免有遭遇挫折，或是遇到困难的时候。当处在危难之中，最重要的是先要安定自己的心理，千万不能慌张忙乱。我们在危难之中，要能安定心理、从容不迫，唯有头脑冷静、理智清明，才能处理危难。

第二，在是非之前，先要明白事理

世界上，可以说有人的地方就有是非，在面对人间的是是非非、好好坏坏，最要紧的是应该明白事理。大凡一件事的发生，都有一些前因后果，所以不能单纯从表相上去评断它的是非；任何一个道理，也不能只看一时，它必有一些时空因缘的关系，所以，当我们遇到是非的时候，先要明白事情的过程。

第三，在做人之时，先要了悟真理

人降诞世间，除了菩萨是乘愿而来以外，都是因为业报而受生。人间苦、乐参半，苦是人间的实相，人从小到老，难免要受生老病死之苦，乃至社会、人我、自然、环境所加诸的种种身心之苦。苦的原因，由于"无常"，所谓"人无千日好，花无百日红"，这就是无常的写照！"月有阴晴圆缺，人有旦夕祸福"，这也是无常的意义！因为无常，所以人生充满了很多不可知的变数；因为无常，所以人生时时有坏苦与行苦的无奈。无常是真理，一个人假如能了解到生死、烦恼、无常、苦空的真理，就能坦然面对人生。

第四，在处世之际，先要透彻情理

人是有情的众生，人类社会秩序的维系，除了法律、道德之外，不离情、理。在情理法的社会里，人不能不通情理，所谓通情达理，我们和人交往，如果不通达情理，会失去很多朋友。所以，处世之际，先要透彻情理，能够"通情达理"，才能随缘不变、不变随缘。

人生四理，说明我们处在人生的任何状况下，都不能离开一个"理"字；不管危难、是非之前，或是做人、处世之际，能够安定心理、明白事理、了悟真理、透彻情理，自能活得心安理得、坦然自在。

人生四宝

一般人以珍贵之物为"宝"，如家中有"传家之宝"，国中有"镇国之宝"；在有形有状的宝外，有人以身怀绝技为宝，有人以美德庭训为宝。在佛门，也用"宝"，来形容诸佛菩萨及法之崇高尊贵，如"宝相庄严""宝地清净"等。而在人生道上，我们要以何为宝？提供"人生四宝"作参考。

第一，禅定使躁动者沉稳

禅定给人一种稳定力、安定性及祥和明净的心境。所谓"外离相为禅，内不乱为定"，它并非只是蒲团上的用功，如果能将"定力"生活化，就是有一点杂音，你也会不太计较，遇到一点琐事，你也不会放不下。不该听的不听，不该看的不看，不该想的不想，使躁动的心得到沉稳。每天有这样一点禅定的修养，则处事自能泰然自若、处变不惊，为生活带来安全感，禅定就是一宝。

第二，历练使无识者睿智

乌鸦几番投石，才如愿得水；战马屡次远行，才得以长征。动物尚且要历练，何况人生？人因经验而成长，因成长而丰富，凡事勇于尝试，一次不成功，还有第二次、第三次，只要自己不放弃，凭着历练，自然会产生一种睿智，遇到不同的环境、不同的事情时，就会知道应该怎么处理，对事物也会看得更广、更深、更透，这也是人生一宝。

第三，信念使失败者成功

"信"是对一个对象，能令心产生清净的精神作用，"念"是对所缘的事，明白记忆而不令忘失。凡是一切，有信念，你就有力量，有信念，你就有目标。信念，让你在受挫的时候，锲而不舍，努力地向前奋斗；信念，让你在失败的时候，不畏沮丧，勇敢地站立起来。因此，信念能使一位倾家荡产的人东山再起；信念会让一位名落孙山的人再题金榜。一位成功者，有绝对的坚定信念；有信念作为基石，不会永远是个失败者。

第四，慈悲使懦弱者勇敢

有时候，我们的性格会很懦弱，可能怕得罪人，可能怕做错事，说话不敢、做事不敢，甚至于做好事、说好话都不敢。我们若能修学慈悲之宝，心中拥有慈悲，就会产生源源不断的力量：我要做好事、我要说好话、我要做好事、我要为他人服务……不断发扬自己内心的慈悲之光，会让懦弱的性格，逐渐成为勇敢。

什么是生活？就是要活得有生气，活得有朝气；生活的生气，来自于态度的改变，若能善用人生四宝，必定是日日是好日、时时是好时。

人生四不

　　做人应该"有所为，有所不为"。当所做的事情于人有益，即使辛苦也"不要紧"，对人有用的好话，要"不怕多"说；自己遇到伤心烦恼，或逆境挫折的时候，要能"不怨恨"、"不退却"。此之"人生四不"，说明如下：

第一，工作辛苦不要紧

　　台湾的《青年守则》说："人生以服务为目的"。服务就要工作，工作里辛苦自是难免，但是若把工作当成服务，就不会感到辛苦。例如下班时间到了，主管却要你加班；平常好几个人做的事情，忽然要你一个人独立承担。这个时候如果你嫌累，你抱怨，你觉得不平，只会苦上加苦；何妨转换一下心情，想到一定是自己能力强，所以主管才会交付重任。甚至工作多，虽然苦了一点、累了一些，但可以多为别人服务，自己也可以积累经验，人生不是更有意义吗？所以，事多的时候不要嫌烦，不要觉得辛苦；起早待晚地加班，也不必皱眉头，你能带着欢喜乐观的心情工作，自能体会忙的意义、忙的乐趣。

第二，对人好话不怕多

　　说话，是一种技巧，也是一种艺术，更是沟通人际往来的工具。

人都喜欢听好话，一句赞美别人的好话，可以使人心生欢喜，终生为其效命；反之，一句伤透人心的语言，可以使多年的知己反目成仇。台湾有一句俗谚，把不会说话、经常说错话的人喻为"乌鸦嘴"，意思是不会说好话，经常说话得罪人，或是经常说话给人难堪。其实，一个会说话的人，一句话说出口，不但是为了传达自己的意思，也总希望对方能欢喜接受。所以，人要学习说好话，而且"好话不怕多"；会说好话的人，才能带给别人欢喜，自己也才能成为受欢迎的人。

第三，遇事烦恼不怨恨

人生最大的烦恼是欲望，因为有欲望、有所求，当所求不得，或所求与所愿相违时，烦恼自然由此产生。佛经里把烦恼比喻为"如病""如箭""如火""如毒"等。意思是说，当一个人有了烦恼，就像生了病，又像中了箭、着了火、喝了毒一样，自然痛苦不堪。人，不要与烦恼为伍，有了烦恼，要自我惭愧，要"转烦恼为菩提"，而不是一味地怨天尤人。所谓"思量烦恼苦，欢喜便是福"。人要懂得制造自己的欢喜和快乐，不要将忧愁烦恼传染给别人；有欢喜的人生，活着才有意义。

第四，逆境挫折不退却

人的一生，不可能永远在顺境里长大，因此，遭遇逆境、挫折，是人生必然的际遇。一般人在遇到逆境挫折时，容易感慨世事沧桑、人情无常，因此消极退却。但是，有人说："人生如球"，一粒球如果经不起拍打，它就不能弹跳，也就失去球的价值。所以，人要把逆境当为增上缘，在逆境挫折时，只要坚持自我，永不退却，则未来历史会肯定我们的定位。

人的一生，不一定要活出什么亮丽的成绩，但要活得有意义、有价值、有尊严，这就是成功。

人生四败

大家都喜欢成功，因为成功的滋味让人自我肯定，让人升起信心，让人心怀希望，让人拥有成就感与荣誉感。相对的，没有人喜欢失败，因为它带来挫折、沮丧、痛苦、难堪。一个人成功有成功的条件，失败有失败的原因。人生失败的原因是什么呢？有四点看法：

第一，昏庸驭下无能者，必定失败

一个人领导属下做事，如果自己昏庸无能，没有合理、合法、合情，让跟着他的部下不能心悦诚服地服从他，当然就会失败。例如中国历史上，晋惠帝"何不食肉糜"一语，成为千古之讽，后来他在"八王之乱"中，被赵王司马伦篡夺帝位，也就不难想见了。

第二，自私妄为无人者，必定失败

"忧患之接，必生于自私"。楚汉之争时，项羽嫉贤妒能，有功不赏，得地不利，所以将士离心，终失天下。所谓"敬人者，人恒敬之"。自私自利、目中无人者，不把别人当一回事，甚至居功诿过，凡有利益、好处，必定归给自己，凡有过失、不当，就把责任推给别人，如此之人，如何能获得别人的尊重？又怎么不会导致失败呢？

第三,目无纪律无法者,必定失败

所谓"非规矩不能定方圆,非准绳不能正曲直"。纪律如规矩,又如准绳,是共遵的法则,是维护纲常的要目。有人目无纲常纪律,以身试法,自然危险近在眼前。例如身陷牢狱失去自由的人,不就是因为不守法律,以致锒铛入狱的吗? 一个遵守法律的人,纵使没有获得利益,也不会招来危难,人生自然平坦无碍。

第四,反复欺诈无信者,必定失败

《左传》说:"君能下人,必能信用其民。"一个人如果自己不重视信义,不重视承诺,一次又一次失信于人,一次又一次地让人吃亏,如何获得别人的信任。东汉吕布是一位能征善战的骁将,他征战各地,勇猛异常,甚至单人力战刘备、关公、张飞,堪称三国时代中武力最高者。却因为他为人反复无常,最后因部下叛变而被擒,终致招来杀身之祸。所以,做人不守信用,必定会失败。

一个人不怕失败,只怕一蹶不振;不怕失败,只怕不肯认错;不怕失败,只怕不知道自己失败的原因在哪里? 因此,人生这四种失败的原因,是值得我们反省深思和自我警惕的。

人生四谛

佛教的真理之一"四圣谛"，即"苦、集、灭、道"，说明生命生死流转以及解脱之道的缘起道理，目的就是要激发众生"知苦、断集、慕灭、修道"的决心。而在我们日常的生活里，也有四句真理，可以帮助我们在人生的道路上，行走安然、自在。"人生四谛"有四点看法：

第一，良药苦口利于病

有病，必定要吃药，在《本草备用》一书中统计，味道苦的药，在所有的药里占的比例最多；攻毒治病的药物中，最具疗效的，往往也是最苦而难以下咽的，所以说"良药苦口"。可是一般人总是要吃甜的、吃自己欢喜的，明知"良药苦口利于病"，却是百般推辞，敬谢不敏，这就是凡夫的愚痴、执着。

第二，忠言逆耳利于行

有时候别人跟我们说话，明知是善意的忠告，可是我们却不喜欢听，因为觉得自己颜面扫地、有损尊严，甚至有时还会恼羞成怒，甩头而去。例如别人叫我改过，我不欢喜；别人叫我向善，我也不欢喜；一听到别人说我哪里不健全、哪里有毛病，第一个反应大多是排斥。这许多忠言虽然逆耳，假如能虚心接受，必定有利于行。它会让你增加人缘，会让你做事顺利，会让你往来方便。所以，正直深刻的批评，虽然使人难堪，却最能让人反省改过而受益。

第三，淡泊明志利于心

三国时代，诸葛亮教诫孩子："夫君子之行，静以修身，俭以养德，非淡泊无以明志，非宁静无以致远。"在我们的生活里，做人处世、修身养性也是如此。所谓"大厦千间，夜眠不过八尺；良田万顷，日食几何"？生活不必追求奢华、享受，也不贪求拥有多少，只要简单、够用就好，应该把多余的与人共享、共有，心能淡泊，自能安稳。

第四，清净无求利于修

所谓"人到无求品自高，人到无念便安闲"。要修清净的道，就是不伤害人，不污染自心；心中无求，自然坦坦荡荡。在《八大人觉经》里提到："多欲为生死的根本。"人所以有生死疲劳，都是从贪欲而起；如果能清净少欲，无求、无为，必定有益于身心行为的修正，而离自在解脱的生活，也就为期不远了。

《三国志》说："夫良药苦口，惟疾者能甘之；忠言逆耳，惟达者能受之。"《战国策》齐策里也说："晚食以当肉，安步以当车，无罪以当贵，清净贞正以自虞。"能以这四种真理在生活里实践，行走在这个人生的道路上，必能"去处尽通"。

人生四时

　　季节有春、夏、秋、冬的四时循环，人生有生、老、病、死的生死轮回。甚至在人的一生当中，也有"四时"：少年时、青年时、壮年时、老年时。在这四时里，我们应该如何安排自己？如何发展自己呢？"人生四时"有四点看法：

第一，少年时要有恢宏气度

　　《老子》说："合抱之木，生于毫末；九层之台，起于累土；千里之行，始于足下。"少年时期，是人生的开始，培养大志、大量，是走向光明的起步。范仲淹有"先天下之忧而忧，后天下之乐而乐"之怀，陈涉有"弃燕雀之小志，慕鸿鹄以高翔"之志；能效法先贤志士这种恢宏开阔的气度与眼光，人生必定有不同的境界。

第二，青年时要肯吃苦耐劳

　　青年的时候，不要只想享受前人给我的恩泽，或是享用父母长辈遗传给我的遗产。"要怎么收获，必先怎么栽"！未经流过汗水的耕种，收不到丰硕的谷米；没有付出心血的努力，尝不出甜美的滋味。所以，每一个人都要把握青年时期，靠自己发愤图强，吃苦耐劳，求取生存，创造事业。

第三，壮年时要不妄自菲薄

胡适曾说："种种从前，都成今我，莫更思量更莫哀。"有人到了壮年时期，回首过去，望向未来，有时不免慨叹自己年近半百，一事无成，光阴虚度。其实，壮年正是人生的黄金时期，也是逐渐迈向成熟稳健的时候。如孙中山说："立志，要做大事，不可要做大官。"即使我只是出租车司机，我把车子开好，让每一位乘客欢喜，就是成功的司机；我是盖房子的建筑小工，我把小工做好，让这栋房屋住起来令人安心，就是成功的工人。即使只是一个清道夫，也都是伟大的，他冒着生命危险，清扫街道，他不嫌肮脏恶臭，搬运垃圾，对世间也都有所贡献。所以，壮年时期的人，不必妄自菲薄。

第四，老年时要能传递经验

老马识途，老牛舐犊，一般也有所谓"老人是一宝"。人到老来，体会到人生的意义已不在色身的长久，而是在功德慧命的无限。老年人的阅历丰富，这时要把自己的智慧、经验传授出去，所谓"老干新枝"，才有生命的传承。所以，年老人要给青年人传承交棒，生命的延续就可绵延不绝。

身体的四大调和，则身心轻安，健康活力；生活依止四正勤，则精进不懈，远离烦恼；一年四季调和，如《论语》所说："四时行焉，百物生焉。"《左传》里的"君子有四时，朝以听政，昼以访问，夕以修令，夜以安身"，说明一天之中，也有不同规划。人生四时，各有责任、义务，每个阶段都是值得我们学习，值得我们付出努力的。

人生四得

　　凡人之心，在有所得！得到金钱、得到爱情、得到物质、得到利益，只要眼见心想的，我们都想得到。其实，人生很多时候有得必有失，尤其真正的所得，也不一定只在有形上面着意；过去做国家的领导人要得人心，做长官的要得到部下的拥戴，这才是真正的有所得。关于"人生四得"，有四点看法：

第一，谦恭获得尊重

　　我们和人相处，谦虚恭敬，必定能获得对方给我们的尊重。所谓"敬人者人恒敬之，爱人者人恒爱之"；我对他人谦虚恭敬，他人必定也会对我以礼相待。《抱朴子》云："劳谦虚己，则附者众；骄倨傲慢，则去者疾。"所以人和人相处，如何能把彼此的关系拉近？如何获得广大群众的敬重？最好的方法就是低一点头，多一点恭敬。

第二，宽厚获得拥护

　　唐朝柳宗元为官爱民如己，当地人特别为他造一座"柳侯庙"以示感谢。我们待人如果宽厚一点，必定能获得对方的拥护；反之，对人过于严苛，必招反感。过去历朝时有民间造反的事件发生，为什么？因为为官者不宽厚，苛捐杂税，剥削百姓，大家穷苦难熬，自然要聚众造反了。所以，"唯宽可以载人，唯厚得以载物"，我们要想获得别人的拥护，宽厚是不能少的美德。

第三，诚实获得信用

周幽王烽火戏诸侯的教训，今古引为借镜。在实际生活中，我们跟人相处，如何获得别人的信任？就是在彼此往来之中，要让对方觉得我很诚实，我所说的话能兑现，我所做的事都很有分寸，自能令人生信。像春秋时代的正乐，他的诚实代表了鲁国的信用。《韩诗外传》曰："见其诚心，石为之开。"曾国藩说："诚则金石可穿。"足见信用是无价之宝，信用是人的第二生命。

第四，仁慈获得高贵

我们常用"仁民爱物""民胞物与"来形容仁爱的君王；用"慈佑众生""无缘大慈，同体大悲"来形容诸佛菩萨的慈悲。可见一个人要想令人敬重，必具有仁德之心、慈悲之念；能够待人慈悲仁厚，不但到处令人仰望，自己的道德人格也会升华，所以对人仁慈，能令自己高贵。

"恭则不侮，宽则得众，信人任焉，敏则有功，惠足以使人"。日常生活之中要想有所得，不妨照此"人生四得"去做。

人生四乐

人生如四季，心境也如四季，当一个人陷入悲苦的情境，即使身处春天，也会觉得寒如严冬；一旦跳脱烦恼的束缚，即使是在夏天，也会觉得清凉自在。所以，能够超越现实世间的人情冷暖，不管春夏秋冬，一年四季自有无限的乐趣。谈到人生四季，有四种乐趣：

第一，春观众花香

春天到了，大地苏醒，百花灿烂，千娇百媚，芬芳宜人。春天如同初生的婴儿降诞世间，生命充满活力；春天走过的地方，人生充满无限的希望。所谓"草色花香，游人赏其真趣"，生在这个时候，人生一乐也。

第二，夏品甘露茶

夏天到了，你觉得天气炎热吗？偶尔在凉棚里、树荫下，三五好友喝一杯茶，如饮甘露一般；朋友齐聚一堂，彼此交谈的笑语、友谊的交流，亦如和风一样！夏日，何妨啜饮一口清茶，唇齿间留有多少茶香余味，心里又留下多少热忱气息，不亦人生之乐也。

第三，秋赏清凉月

"月到中秋分外明"，秋天，一个更靠近明月的季节，气候一冷，天上的月亮愈是清凉，看看那种皎洁的明月，想起寒山大师的"吾心似秋月，碧潭清皎洁；无物堪伦比，叫我如何说"？诗仙李白也道出了"举杯邀明月，对影成三人"的潇洒自在。生活中，有如此的雅兴，真是人生三乐也。

第四，冬听爆竹声

冬天到了，就是新年来了，这家放爆竹，那家放爆竹；这里"恭喜！恭喜！"那里"恭喜！恭喜！"人与人之间借此拉近了距离，这是多么美妙的事。"爆竹声中除旧，桃符万象更新"，新的一年，新的开始，一切都可以重新来过，此为人生四乐也。

一年四季，春夏秋冬，时时各有美景；同样的，人生 24 小时，也是无时不快活。穿衣服不欢喜吗？吃饭不满足吗？乘车外出看看风景，不快乐吗？甚至安步当车，慢慢走路运动，不是也很自在？所以，衣食住行、行住坐卧，都能够寻找快乐，我们何必要自陷悲苦的情绪中呢？何不找寻人生的乐趣呢？

人生四可惜

　　每个人的一生，都有很多学习、成功的机会，但往往因为自己轻易拒绝，不懂得把握因缘，因此留下遗憾。所以凡事不要轻易说"不"，当你说"不"的时候，机会往往因此而丧失，实在可惜。关于"人生四可惜"有四点意见：

第一，此时不学一可惜

　　人在年轻的时候，应该努力读书学习，但有的人却糊里糊涂地过日子，真是可惜！有时候人生巧遇明师，却轻易放弃追随，此际不学，实在可惜！难得天赐良机，可以学习一些技能、一些道理，却不去用心，未免可惜！学习有助于心智的成长，学习可以帮助我们明白道理，孔子"十五而志于学"，正是由于早学，因而对后半生的生涯岁月起了决定性的作用。所以"幼不学不成器，人不学不知义"，人生不趁早学习，是一大可惜。

第二，此日不勤二可惜

　　我们每个人，一天有一天的事业，一年有一年的事业，一生有一生的事业。可是如果一日不勤，就是一日荒废；两日不勤，就是两日荒废；一生不勤，就是一生荒废，所以都在可惜中度过了人生。

唐朝的张玄素，眼见太子经常喜好游牧而荒废学业，于是劝谏太子，要学习古圣先贤"日知其所不足"的心态行事。一个人能知所不足，就会精进用功；否则蹉跎了人生的黄金岁月，不懂得日勤有功，是二可惜。

第三，此身不修三可惜

人生最大的忧虑是生死，懂得因缘果报的佛教徒，都会积极勤修戒律、禅定与智慧，希望将来不要再受无数轮回之苦。其实不是只有出家的僧伽，才需要修行，任何人想求得生命的进步，都应该要修养身心，健全自己。但是一般人多数不讲究自己的风度、威仪，不及早为自己立功、立德、立言，更没有想到要为后代子子孙孙留下生命光荣的历史。所谓"此身不修"，是三可惜也。

第四，此心不明四可惜

人常常揣摩别人的心意，却无法明白自己的心，所以人真是很愚痴、很可怜。佛教的禅宗讲究"明心见性"，更有"此心不明，如丧考妣"的省思，所以多数参禅的人，都会努力在心地上耕耘，务期找到自己的本来面目。无根禅师出生入死，进火盆、入水里、钻泥土，就是要找个"我"，可是我们有几个人想要明白自己呢？常常怨怪别人不了解我，可是自己又何尝了解自己呢？所以说，人生最大的悲哀是无知；此心不明，是四可惜。

人生的机会很多，但绝大部分因为自己踌躇不前而错失了，所以，在有限的生命中，要自我超越，就不能不先认识"人生四可惜"。

人生四勿

人生好比行驶在一条快速道路上，必须小心谨慎，不侵犯别人的地界，尤其要注意各种警告标志、路标指示，才能安全到达目的地。究竟人生的道路上，有哪些警告标志需要我们遵守呢？

第一，见贤勿慢

人情上最常见的烦恼就是嫉妒和傲慢，有些人只要见到能力、学问、成就比自己好的人，就心生嫉妒，甚至毁谤、障碍。《论语》言："见贤思齐。"对于贤者应效法学习，像鸠摩罗什的小乘老师槃达多，反拜罗什做大乘佛法的老师，大乘、小乘互相为师，传为美谈。把人家压低才能称自意的人，只会流露自己内心的傲慢与浅薄。能虚心就教，才能更令人尊敬。

第二，见善勿谤

许多人有个坏习惯，看到别人行善、服务造福社会，不但不随喜助成，反而恶意中伤，甚至讥评"专会沽名钓誉，取媚矫俗不足论"，这样任意批评、肆意践踏，哪里还有人愿意做好人、行好事呢？社会上多一些好人好事，难道不是我们大众共同的幸福吗？因此，一个人即使没有力量为人服务，看到别人行善，也应该要能随口宣扬赞叹、随心祝福，千万不可传恶不扬善。

第三，见慈勿坏

慈悲是做人的根本，不但能增添世间无限的芬芳，更能成就无数善缘。有了慈悲心，会爱人如己，也会爱世间的一切。但有一些人就是欢喜破坏，佛陀称这种人是"从冥入冥"，孟子也批评此为"非人"。在世间上做人，宁可什么都没有，但是不能没有慈悲，能慈悲对待一切众生，人我之间才能和合安乐。

第四，见智勿逞

一个有内涵才智的人，在群众里面总是行事低调，虚心谦下，懂得韬光养晦。他不会争强好胜，一再表现自己，或是锋芒毕露，争着出头。世亲菩萨本来学习小乘佛法，直到接触大乘法义的精要，才惭愧、苦恼过去以小谤大的过失，后来写下许多不朽的大乘论典，裨益后世无数众生。做人不要时时想要争先，处处想要当头，经常和人逞能争功，只有更加显露自己的愚昧与笨拙。

在人生的道路上，让我们迷路的原因有很多，思想上的迷失最难获救，尤其无明、愚痴，会让我们远离平直宽广的大路。

交谊四勿

做人总有朋友。有时候一个人的能力大小，从他的交游层面可以了解，因为一个人的成功与否，与他的交游结缘有很大的关系。假如他能获得别人的信任肯定，让人感到他有道德、有慈悲、有信用，别人自然乐意协助他。尤其朋友相交，不在钱财的多寡、地位的高低，而是有没有人格、有没有品德，就是修行道友往来，也是讲究有没有信仰、有没有慈悲。但是在人生路上，不一定都遇到与我们相应的人，在面对各种不同的人时，以下"交谊四勿"提供大家参考：

第一，勿谄媚有势之人

经典有谓："诸行尽归无常，势力皆有尽期，犹如射箭于空，力尽还堕。"做人，不可以用谄媚的态度去对待有权势的人，你一味地谄媚、逢迎他人，失去自己之外，也不会获得他人的尊重，甚至只是让人看不起。尤其你谄媚有势之人，好比把箭射向空中，当势力用尽时，只有伤害自己，增加自己更多的烦恼。

第二，勿欺侮失意之人

人生总有高低起伏，有的人钱财被人亏损，有的人从高位、官场下台，乃至事业不顺遂、失败等，对于一时失意的人，你不能太过现实而欺负他、讪笑他、背弃他，应该给予安慰同情、给予协助关怀，帮助他渡过难关。等到他日东山再起时，他必定会感谢你。

第三，勿气激好胜之人

有的人在官场上得到提拔，或在商场上得到机会，甚至在做人、处事、人缘上都得到很好的胜势时，若是道不同者，面对这样的人，你尊重他即可，不必去嫉妒他，或排挤他，更不可以用气势去对付他、打压他。如果你用气势对付好胜之人，只会引起对方更大的芥蒂、不悦，认为你在与他唱反调，反而对你不利。

第四，勿妄议得益之人

有的人即将得到利益了，或是他的事业就要成功了，合伙的事业得到好处了，你不要随便妄自批评、任意毁谤、从中破坏，因为这对自己没有好处。只要是好事，不如心存厚道，给予对方祝福，随喜助成，共同成就一件美事。

在做人处世上，这"交谊四勿"，不得不慎。

夫妻四要

男大当婚，女大当嫁，乃人伦之始。男女成家立业，结为夫妻以后，一定要同心协力，彼此之间，互信、互谅、了解、体贴，是维持家庭祥和安乐的重要因素。以下"夫妻四要"，贡献给有心组织和乐家庭的夫妻：

第一，要一只眼睛

男女双方，在还没有结婚之前，可以用两眼把对方的缺点、优点、性格好坏，看得透彻，看得明白。但是结婚以后，成为夫妻了，要用一只眼睛，以一心一眼相待，不要用许多眼睛来分析对方，或者不要看得太仔细，算计得清楚，这样的夫妻感情才会持久。

第二，要一心两人

夫妻是来自两个不同家庭背景、两个独立个体、两种不同性格的结合。既然要在一起，就要兼容、相爱、相助、相成，一心一意地真心相处，才能发挥夫妻共同体的信心、力量，相互扶持。

第三，要一句好话

俗语说："爱情是甜蜜的，生活却是现实的。"做了夫妻，朝夕相处，许多现实的问题都会跑出来，不像谈恋爱的时候，都是你侬我依、甜言蜜语。所以夫妻之间，更要每天营造美好的生活气氛，这不外乎多一句赞美的好话。有时候，一句甜言蜜语、一句赞美，比赚多少金钱、买多少礼物送给对方还要重要。因此，一句好话加油打气，是感情的润滑剂。

第四，要一个意见

夫妻要能和睦相处，往往需要先经过共患难的日子。俗语说："要做神仙眷属，先做柴米夫妻。"如果夫妻之间，在面临疑问挫折的时候，意见相歧，看法南辕北辙，怎能共同解决生活的艰难？如何一起渡过难关？所以，夫妻虽是两个人，但是不论在什么时候，意见看法一致，才能同心，节拍步调一样，才能同鸣。如此，这个家庭一定会平安和乐。

所谓"千里姻缘一线牵"，夫妻共同组成家庭，必定有深厚缘分。

四等婆媳

自古以来，婆媳相处一直是社会、家庭的重要问题。有的婆媳亲如母女，相处得水乳交融；有的婆媳则势如水火，彼此互不相容。婆媳之间的相处之道，实在是一门大学问。一般常见的婆媳有四种层次：

第一等婆媳，如母女亲密

最好的婆媳关系，就像母女一样的亲密。别人家的女儿成为你的媳妇，同住一个屋檐下、同吃一锅饭，你应该将他视如亲生子女般相待，能以体谅的心、关怀的情来对待媳妇；做媳妇的，也应该将婆婆视为母亲般侍奉，能对婆婆体贴、关心，偶尔也可以对她撒娇，并能时时找婆婆聊天，谈谈工作、谈谈心事，让婆媳之间如母女般地来往，如此可让婆媳的关系更为亲密。

第二等婆媳，如朋友尊重

婆媳之间虽不能如母女般相待，也要如朋友般尊重，彼此以同理心设身处地了解对方的辛劳，并且给予彼此生活的空间。媳妇能凡事请教婆婆的意见，表示尊重婆婆；婆婆也能尊重媳妇的感受，表示包容媳妇。当彼此有了不同的意见或看法时，要能适时地作好沟通，如此才能和谐相处。

第三等婆媳，如宾主客气

如果你做不到第一等、第二等的婆媳，至少也要做到第三等婆媳。第三等婆媳就好像主人与客人一般，彼此客客气气，既不斗气，也不会互相看不顺眼，因为哪有主人看不上客人的道理呢？所以彼此应该有的礼貌不可忽视，并且要经常为对方的付出表示感谢。有事出远门，必定告知去处；从外地回家，也能带个小礼物，彼此客气、尊重，才能相处愉快。

第四等婆媳，如冤家相聚

第四等婆媳是最差劲的相处，有的婆婆把媳妇当成冤家对头，认为是来抢儿子、抢家产、抢当家的；媳妇一嫁到人家家里，也不勤快，只会发号施令，整天跟婆婆计较谁的家事做得多，或是不断在先生面前数落婆婆的不好，尽说婆婆的坏话，让身为丈夫、儿子的夹在婆媳之间难以做人。曾国藩说："骄为凶德，惰为衰气，二者皆败家之道。"属于冤家对头的婆媳，要引以为戒。

朱熹说："循礼保家之本，和顺兴家之本。"莎士比亚也说："家内不和，是困乏的巢穴。"家庭是生命的延续，也是道德操守的传承，如果婆媳之间不能好好相处，如何发挥家庭的意义呢？婆媳之间，如能凡事都往好处想，用以代替无谓的计较，如此必能家族和睦，相互信赖，彼此依恃，成为一个幸福的家庭。

对机四法

"药无好坏，对症者良；法无高下，应机者妙"。懂得应病与药，就是好医生；能够观机逗教，就是好老师。所以世间事没有绝对的好与坏，重要的是要能对机。"对机四法"提供参考：

第一，对贤能者，要服之以德

我们与人交往，有幸交到贤能的朋友，或是用了贤能的人才，我们要服之以德，不可以用气势来对待他，也不可以用金钱来役使他。一个贤能的人，在意的是被尊重，只要你能待之以礼，尤其你自己本身有德性，你自己健全有德，贤能的人自然愿意为你所用。

第二，对乖张者，要驭之以术

有的人个性顽劣，行为乖张，对于嚣张跋扈、狂妄自大的人，要怎么跟他相处呢？驭之以术！也就是要有一些权巧方便。如同顽劣的马，驯骑者都会懂得调伏之道，有时候固然要顺着它一点，有时候也要驭之以术，懂得软硬兼施、恩威并重，才能降服它。

第三，对朴拙者，要赋之以专

假如我们相处的朋友或部属，他的为人很朴实，甚至很笨拙，我们应该怎么办呢？要"赋之以专"！也就是不要一下子交付他很多事情，只要让他单纯地做好一件事，他就会专心一意地去做，如果一下子要他做两件、三件事，到最后可能一件事也做不好。

第四，对顽劣者，要教之以方

有一种人顽强不受教，如果不幸遇到这种部属，你也不能一下就开除他、放弃他，只要你有耐心用慈悲来待他、教他，或者用鼓励代替责备，也能让他感动、服气。甚至赞美、鼓励之外，有时用严格、威力来降服他，只要你能运用得法，都能驯服顽劣者，让他心甘情愿地跟随你。

人与人相处，投缘之外，"对机"也是重要的驭人之术。

君子四不

　　世界上的人，好人一半，坏人一半；君子一半，小人一半。好人受人欢迎，君子则受人尊重；坏人、小人大多为众人所唾弃。为何古人这样器重君子呢？因为君子着重自我的修持，行住坐卧不会随便，让人感到崇高，值得敬爱。如何成为一个君子？这里提出"君子四不"，供大家参考：

第一，君子不妄动，动必有道

　　《论语》说："君子道人以言，而禁以行。故言则虑其所终，行则稽其所敝。则民慎于言而谨于行。"所以一个君子说话必定有其道理，他们会要求自己谨言慎行，凡事讲求合乎礼仪、不随便，每当有所行动，必定有其用意，此即所谓不妄动，动必有道。

第二，君子不徒语，语必有理

　　谣言止于智者，因此，君子常是非礼勿言，守口如瓶，不说空话，不讲不实在的话。但在该说的时候也必定会说，因为应说而不说，有失于人；不应说而说，则是失言。要做个君子，必须能不失人也不失言。君子所言，都是有意义的话，慈悲的话，正义的话。所以君子不徒用语言，说话必定有理。

第三，君子不苟求，求必有义

古有名训："君子爱财，取之有道。贞妇爱色，纳之以礼。"君子相当爱惜自己的名誉，对于欲望有所节制，不会贪取妄求不属于自己的东西，不会以苟且心态妄想获利，更不会落井下石，谋求私人利益，强取豪夺。一个君子假如有所求，一定是为了国家、为了社会、为了正义，必定是为民求利，代众生而求。

第四，君子不虚行，行必有正

如果是一个君子，他的一言一行，都不会随便，凡事他都会经过再三的考虑：这个行为会伤害到他人吗？这件事情会对别人不利吗？想清楚了，他才会有所行动。所以君子的行为必定合乎正道，另外，佛教说一个修行人，其言行必须合乎"八正道"，所谓八正道，就是要讲真实的语言、要起正直的念头，要说正直的话、做正直的事、修正直的行……做人处事，如果能以八正道为原则，就不会有差错。

君子四真

身为君子，平日待人以诚，求学以专，谨言慎行，其所行都是正道，不会循私贪求，没有妄想邪念，如《论语》所言："君子食无求饱，居无求安，敏于事而慎于言，就有道而正焉，可谓好学也已。"君子不求吃饱、住好，在为人处事上，却都能真心以待。一个君子需能做到以下四真：

第一，真心无妄念

俗话常说："真诚能感动天""心诚则灵"，指的是只要心念纯真、诚恳，没有妄想杂念，事情就能成功。这与佛门所言"置心一处，无事不办"是一样的道理。过去管宁有"割席绝交"之举，他因不受外境影响，所以能有所成就。曾国藩也曾说，每做一事，便需全副精神，专注于此，首尾不懈，不可见异思迁。因此，做一个君子，首先需常保真心，去除妄念。

第二，真口无杂语

君子惜字如金，不随便出口，不闲言杂话，凡有所说，都是实在的语言，故出口皆能为人所信。如佛经皆为佛说，皆为解决弟子之疑惑，所以《金刚经》称佛陀是真语者、实语者、如语者、不异语者、不妄语者。佛陀的弟子中，智慧第一的舍利弗，也一向是实话实说，连玩耍的时候，也不作戏论，可谓难得的君子。

第三，真耳无邪闻

佛陀常告诫弟子："谛听，谛听，善思念之！"意思是要弟子用心去听，不可道听途说，更不能听是非。有一次，我和中国佛教会赵朴初会晤，赵夫人说他："怎么平常耳朵都听不见，大师的每一句话却听得见了？"赵朴初说："我的耳朵只听该听的，不该听的就听不到了。"君子修养真耳朵，懂得静听、谛听、慧听，没有邪闻，不正当的就听不到。

第四，真目无错识

人生有两只眼睛，是要我们看得真，看得切，不能错看。真正的君子善恶分明，如包青天的铁面无私，凡有所断，必有其依据，故能料事如神。一般人常常以为亲眼目睹的，不会有错，却常有疏漏。君子判断事情，都有凭据，不乱下定论，所以没有错乱。这要靠平常的经验，及观察力的培养；眼明心细，才能够看出真相实相。

君子四心

　　君子受人之恩，会心心念念不忘图报；有所余裕，也会施人恩惠而不望回报。君子对自己的要求非常严格，行事恭谨，且心地正直善良，于道业的修持精进勇猛，对于自己的缺点，则力求改过；在交友上也选择益友、善友；待人讲求道义，态度上恭下谦，能和光同尘，不会刻意造作，也不同流合污。总之，君子对一切人事物都相当用心。君子有四种用心：

　　第一，为人做事有忠诚心

　　古之君子重承诺，轻生命，因此，受人之托，必忠人之事。他们带着一片忠诚的心把事情做好，不会轻诺寡信，有所承诺必定会兑现。君子认为事情不完全是替别人做，在完成自己的诺言的同时，自己的人格道德，也会健全、升华。君子的忠诚如比干剖心，子胥鸱夷，皆能以心相照，让后人缅怀和敬佩。

　　第二，朋友相交有信义心

　　用金钱可以交朋友吗？可以交到酒肉朋友，但交不到患难的知心朋友。欧阳修说："信义行于君子，而刑戮施于小人。"君子讲信用、讲义气，遇到大难，宁以义死，不愿苟活，视死如归！而且保护朋友于前，绝不会自己先逃。要交到好朋友，自己也要有信有义；在信义感召之下，就能结交真诚相待的朋友。

第三，侍奉父母有孝养心

一个人如果平时不孝养父母，轮到自己年老，儿女也会依样学样，不孝养侍奉。届时，抚今伤惜，想到亲恩浩荡，往往是"树欲静而风不止，子欲养而亲不待"，为时晚矣。君子对于滴水之恩，都当涌泉相报，何况是对待血浓于水的亲生父母，他必定是孝心奉养的。

第四，厚待贤者有恭敬心

君子礼贤下士，修德行政，屈己于人，好名散于四方，许多人都愿意与之为友。同样的，我们对于学者专家，或有一技之长的人，也要能谦恭有礼，让他们感受到自己受重视，而愿意发挥己长，为大众服务，为社会奉献。

君子做人忠诚、讲信义，对于亲长重孝悌，对于贤者，则以恭敬心厚待。佛经中常说，佛法在恭敬中求，有恭敬的心，就能得到真理。

四艺与人生

"琴棋书画"四艺当中,有的人喜欢弹琴,有的人欢喜下棋,有的人喜欢读书,有的人喜欢画画。"琴棋书画"四艺俱佳的人,一般被赞美为多才多艺。四艺与人生其实有着很密切的关系,说明如下:

第一,琴,是天籁的使者

古人云:"心无物欲乾坤静,坐有琴书便是仙。"琴的原始意义是"禁",目的在禁止浮邪,使其归于正。刘禹锡的《陋室铭》说:"可以调素琴,阅金经。无丝竹之乱耳,无案牍之劳形。"琴有五弦,琴音宽厚而不松弛,清昂而不紊乱,当万籁俱寂的时候,琴音琤琤,美妙的音声使人如入画境,俗虑尽涤,难怪古之隐者喜欢过着"焚香操琴"的山居生活。

第二,棋,是人生的写照

人生如棋,人可以不下棋,但不能不走人生的棋。因为人一出生就在棋中,一盘棋就等于一个人生的写照,所以,我们应该谨慎看清全盘,以免一棋走错全盘皆输。一个理想高、眼光远、心胸宽、脚步稳、无私无我的人,才能看清全盘;有社会性格,在团体中能做一颗活棋，才能找出自己的因缘，为自己的未来开辟一条光明大道。

第三，书，是智慧的宝库

读书可以变化气质，所谓"腹有诗书气自华"，甚至"书中自有黄金屋"，读书可以增加知识、开阔视野、启发思想。书中自有一切智慧宝藏，世间上的财富再多，总有用尽的一天，甚至有被偷、被抢的危险，唯有读书求取智慧，这是别人偷不走，也是生世用之不尽、取之不竭的宝藏，所以我们要饱读诗书，这是人生最有智慧的投资。

第四，画，是自然的投影

一幅画，可以是大自然的缩影，可以是人物的写真。不管是国画也好、西画也好，不管是素描也好、水彩画也好，一张纸，我们画上世界上最美好的人事物，就像把大自然投影在画布上，所以不管自己作画，或是欣赏别人的画作，都是人生一大乐事。

人生，要想活得多姿多彩，可以借助于琴棋书画来丰富生活，因为四艺象征着人生。

信仰四不

从民智未开时，人类就对大自然产生信仰。有了文明之后，除了追求物质生活的满足，更追求精神和信仰的生活。但是，信仰如交友、如选择伴侣，一旦交错了朋友、选错了婚姻对象，往往失去终生的幸福。如何选择正确的信仰？提供四点看法：

第一，不乱信而真

台湾的民间信仰，可说是众神济济，五花八门。一般人信仰神明的心态，是当遭遇困难无法解决时，希望借由神明的庇佑和帮助来化解困厄。佛教和其他宗教最大不同之处，在于佛陀的教法是以修心见性为上，认为与其消极地祭祀祈福，不如积极地净化心灵、开启智慧；这也是佛教能令人究竟解脱的原因。

第二，不邪信而正

目前社会上，虽说正信的宗教不少，但是假借宗教之名，行敛财诈骗，或者相信怪异神奇、活佛真人者也颇多。有些人并非刻意要邪信、邪行，只因为未能运用智慧辨别是非，了解事理的真相，致使行邪事而不自知。因此我常说宁可不信，但不能邪信，邪信会让我们走错了路，甚至害人害己，那就非常不值得了。

第三，不坏信而善

佛经云："信心门里有无尽宝藏。"信心是我们的无上财宝，所以佛教说修行要建立"四不坏信"，以"四不坏信"来保护信心的根苗。一个人如果能对三宝不怀疑，对四圣谛真理不怀疑，对师门道风不怀疑，对自己的真如佛性不怀疑，必然能"除一切烦恼，成就一切出世功德"，而"能出生一切诸佛"，在生活上，永不退失菩提心，而真正安住身心了。

第四，不退信而进

中国教育家蒋梦麟曾经说："做事时，困难不成问题，危险不成问题，所患者，无伟大之精神矣。"自古帝王将相之所以成功，无不是因为信念坚定，而能从重重困难中脱颖而出。在修道的过程中，也会有各种关卡的考验，如名关、利关、生死关等等，可说是关关难过。一位真正的修道菩萨，遇到困难关卡，不管是苦是乐，都会视为考验，而不生退怯。

正信的宗教，必定能够帮助众生解脱生死苦恼，净化人格。

卷四 ｜ 处众四法

待人处事要能知理、知事、知人和知情，

为人处世更要知己、律己，

进而要知所应戒。

处众四法

"众"这个字，亦即三人以上就成为"众"。人是群居的动物，无法离开大众，你一离开大众，就没有办法生活。例如吃饭，要有耕作者种田、栽菜；穿衣，要有许多人的织布、设计、裁剪；外出办事旅游，没有大众运输工具的驾驶人员协助，无法抵达；一场表演，没有相关人员的集体创作，也无法欣赏；乃至从小父母养我、育我；长大后，老师教导我、启发我；工作时，朋友同事帮助我、影响我。生存在世间上，无一不是靠大众来培养我们、支持我们。所以我们要有与众和合相处的方法，以下提供四点意见：

第一，要坦诚大方

与大众相处，要先接受别人，人家才会接受我们。要人家接受我们，自己先要坦诚大方。如果你扭扭捏捏、怯懦胆小，心中有事不愿表达、怪里怪气，怎会得到他的人的信任？在团队里，你行事不愿光明坦诚，主管又怎敢将重任交付给你？甚至同侪也会觉得难以和你相处。因此，在大众里，要养成开朗大方的性格。

第二，要感恩说好

《说文解字》："感，动人心也。"感，也是相互应如、影响的意思。

在大众里，人家给我恩惠，给我帮忙，我心存感恩，表达谢意，双方相互感谢，彼此心意交流，人际关系一定和谐美好。时时感恩的人，永远知足常乐，精进不懈；不知感恩的人，有如槁木死灰，不但不能与真理相应，也无法和大众快乐相处。

第三，要虚心下问

在大众里，谦虚求教的人才能受到欢迎。所谓"人外有人，天外有天"，每个人都有自己美好的特质，我们能虚心下问，发掘他人的专长，多问多看，可以充实自己，增加经验、智慧。假如我们"半瓶水响叮当"，过度膨胀自己，只会让别人觉得自吹自擂，没有真才实学。

第四，要改过迁善

在团体里，自己有一些言行举止不如法时，应当从善如流，改过迁善。你能认错改过，不但不会失去自己的身份，反而能赢得更多的尊重；你能从善如流，就能融入大众中，才能获得大家的接受和肯定。

所谓"一人不敌众人智""众人拾柴火焰高"，就在丛林寺院里，也有"入众五法"，教导初来乍到的学人必须知道的五件事，可见"众"的力量不可忽视。

处世四戒

待人处事要能知理、知事、知人和知情，为人处世更要知己、律己，进而要知所应戒。能够严以律己，于道无亏，这是立身处世之要道。处世何事应戒？有四点说明：

第一，傲者恶之魁，故为人勿傲

傲慢是一切罪恶之魁首，有的人常常在言行之间，出言不逊、态度傲慢，令人心生反感，所以本来是多年的好友，因为你的傲慢而慢慢疏远你；本来是一件美好的善事，因为你的傲慢，别人不和你共事而搁置。因此做人不要以为自己有钱就可以傲慢，不要自恃有才华就可以傲慢，其实，真正成熟的稻穗，头垂得愈低，所以一个伟大的人必然会更加谦虚，能够虚怀若谷，才能涵容一切。

第二，诈者德之贼，故处事勿诈

人言为信；言而无信不足为人，故诚实是做人的基本修养。有的人做人虚伪、奸诈，与人来往常常喜欢要一些小动作、占一些小便宜，自己还洋洋得意，以为别人不知。其实一次、二次，别人不计较，次数一多，自己的人格破产，别人也不屑与他往来。因此人际之间，所谓人心难测，靠一"诚"字能知交；尔虞我诈不但伤和气，一旦身败名裂更是划不来，所以待人处事千万勿诈。

第三，谄者行之丑，故接物勿谄

做人不可傲气，但要有傲骨。所谓傲骨，就是为人正派，不因小利而趋炎附势，阿谀谄媚。谄媚，是人类最丑陋的行为，善于逢迎谄媚的人，必为正人君子所不齿。所以，智者不以谄媚之言惑人，也不为谄媚之言所动。

第四，虚者言之浮，故言谈勿虚

《论语》云："君子不重则不威"。言行虚浮不实的人，很难获得别人的敬重，举凡伟大的人物，如玄奘大师"言无名利，行绝虚浮"、澄观大师"身不行轻浮之为"，他们的行仪至今仍为人所称道。所谓"人必自侮而后人侮之，人必自轻而后人轻之"。因此，我们立身处事，虽不能自傲，但也不能虚浮自轻。

为人处事，不必患人之不重己，而应患己之不重人。为人只要能坚守自己的分际，不使道德修养、人格操守有亏，自然会获得别人的重视。

处事四智

事无难易，人有能干与否。一个能干的人，再难的事，到他手中都能做得有声有色；不能干的人，大事做到后来也成了无声息的歌唱。其中最大的原因，就在于有没有克服困难的毅力与智慧。懂得克服困难，便具备了处事的智慧，所以"处事四智"，有四点说明：

第一，任难任之事，要有力无气

做事难免会遇到困难，这时候要用意志力去克服困难，要加倍地努力、认真去做，千万不能生气，也不要赌气、泄气，更不能以气势来压人。能以诚心、毅力来赢得大家的信任，取得大家的共识与拥护，再困难的事都能迎刃而解。一个人能完成一般人难以承担的艰巨任务，不但肯定自己的能力，同时也让生命的价值得到更大的发挥。

第二，处难处之人，要有知无言

人与人相处，要懂得"跳探戈"，你进我退，我退你进，彼此心照不宣。尤其对于一些难以相处的人，更要"有知无言"，凡事心知肚明，但不说破。因为不管你说好说坏，到了对方耳中，都会变了质，所以最好不说，静观其变，这是处难处之人最好的方法。

第三，行难行之道，要有信无惧

学佛修行，有所谓"难行道"与"易行道"之分。一般说念佛法门是"三根普被"的易行道，参禅开悟则是利根行者才能入门的难行道。其实最难修行的是菩萨道。菩萨发心为人，"但愿众生得离苦，不为自己求安乐"。因为他肯定这是修行的真意，他有了信心，就无所畏惧，就能舍身忘躯，难行能行。因此不管任何行业，都要如修行人一般，行难行之道，要有信无惧。

第四，忍难忍之苦，要有容无怨

佛经说"人身是一大苦聚"。生而为人，除了有生老病死、爱别离、怨憎会、求不得、五蕴炽盛等八苦以外，我与境、我与事、我与心，甚至我与人的不协调，都会产生身心的各种苦。例如听不顺别人的一句话，看不惯别人的一个作风，就觉得很难忍受。其实面对各种不顺己意的境界，要能容他、化他，而不要有怨。因为愈是怨恨，只有苦上加苦，所以忍难忍之苦，要有容无怨。

苦难折磨的人生，如磨刀之石，多一份苦难，便多一份坚忍，多一份折磨，便多一份毅力。

国政四要

印度悉达多太子，不惜舍弃王位出家修行，成就佛道后，他走入人群，关怀社会，不曾舍弃一法、舍弃众生，49年弘法不懈不倦，以教化人间为己任。佛经记载，佛陀曾和许多国王会面，提供治国的意见，像《仁王护国经》等。以下"国政四要"，就是治理国家四个重要的方法：

第一，若要维持强盛，必须顺应天时

佛陀曾说："国家要维持强大、盛况，必须顺应天时。"假如上位者不能顺天听命，不能顺着真理，不能顺着民心，上下如何同心？所以古语有云："顺民者昌，失民者亡"，《尚书》也说："天视自我民视，天听自我民听"。因此，国家要强盛，领导者必须广开言路，才能获得人民心愿，国家自然会有力量。

第二，若要保持资源，必须因地制宜

每个国家都有其自然资源，能够善加利用，因地制宜，就能增加国家财富。所谓"靠山吃山，靠海吃海"，各行各业如农、工、商、畜牧等，考虑各种生态环境，配合发展。同时，也要注意节流，尤其避免过度开发，造成资源枯竭，或"大自然的反扑"，才能开创永续的财富。

第三，若要挽救危机，必须把握人和

一个国家、社会的政治生态当然很复杂，遇到急难的时候，最重要的是"人和"。古人说："家不和被邻欺"，同样的，国不和、民不睦，当然会被人所轻。因此，把握人和，放开心胸，所谓"三人同心，其利断金"，彼此尊重包容，立场协调，就能化危机为转机。

第四，若要社会发展，必须全心全力

一个进步的社会，一定是全方位的发展，无论经济、农工、教育、慈善、文化等，都受到均衡的重视，这就得靠上下每一个人全心全意，投入心力了。有力出力，有钱出钱，有智慧的贡献智慧，做好事、说好话、存好心，必能为这个国家社会汇集好的因缘，内则和谐发展，外则受人尊重。

孔子云："百姓足，君孰与不足？百姓不足，君孰与足?"又说："为政施以德"，让人民资具充足，不虞匮乏，安居乐业，领导者也能"如北辰，居其所而众星拱之"，国家自然富强安乐。

吸毒四害

现在社会上毒品沉滓泛起，有些人受到诱惑欺骗而误入歧途，只要染上毒瘾，几乎是危害一生，不仅个人花费钱财，并且威胁健康，乃至因为吸毒而家破人亡，断送幸福，严重者，危害国家社会安定，也时有见闻。清朝林则徐上书宣宗云："鸦片若不禁止，数十年后，中原几无可御敌之兵，且无可充饷之银。"吸毒之害实在大矣。吸毒有哪些害处？

第一，吸毒危害自己的智慧

吸毒者，除了损失金钱外，也损害身心的健康。佛教虽未制定不吸毒戒，但举凡扰乱神经系统、覆盖清明神智的物品，如安非他明、鸦片、大麻、白粉、烟酒等，从现代角度诠释，都似五戒中的"不饮酒"。很多犯罪者，都是为了满足毒瘾，或是在神智不清下，断送自己美好的前途与希望，吸毒实在危害自己。

第二，吸毒危害亲友的名誉

一个家庭，如果父母吸毒，子女成长失去教养依怙，在学校同学间，还会受到嘲笑排挤；如果子女吸毒，父母无依，还要承担"养子不教"的非难，在亲朋好友、街坊邻里面前抬不起头来；甚至与朋友交往，大家生怕受你牵连，蒙上不好的名誉，久而久之，对你避之唯恐不及。

第三，吸毒危害他人的安全

吸毒除了危害自我之外，有时不听家人规劝，弄得眷属失和，甚至为了要钱买毒品，做出杀父弑母、伤害手足，窃盗、抢劫等非法的事情，自己招致杀身之祸外，还会危害他人安全，成为社会的不安定因素，受到法律制裁。

第四，吸毒危害社会的风气

毒品不但是一种恶性消费，阻碍经济正常发展，也使得社会风气萎靡败坏。像清朝末年，由于鸦片大量输入，使得中华民族受到列强欺凌，签订不少丧权辱国的条约，不但割地殖民，从此被称为"东亚病夫"，给百姓民族带来无尽的灾难和耻辱。

毒品，不但影响吸食者的情绪及思考，进而"控制"正常的生活，让人在黑暗中慢慢腐化，甚至动摇国本。因此，没有吸毒的人，应当谨慎小心，远离火坑，或受恶友鼓动；已经吸毒的人，更应该知道吸毒的害处，设法戒除。

胆怯四害

　　很多人由于敢做敢当、勇于向前，他就成功了。但也很多胆小的人，做什么事都没有勇气，叫他讲演，他说不敢；叫他做好事，他也畏怯；要他担当责任，他就推诿，怕黑、怕鬼、怕人、怕事、怕有什么闪失，这样的性格，只有在惧怕里过了一生，胆怯的过失实在不小。以下说明胆怯四害：

第一，失去成功的先机

　　一件事情，原本可以做得很好，因为胆怯，没有争取、没有向前、没有积极，就失去成功的机会了。或者机会来了，却因为遇到一点困难，就半途而废，或者还没去做，就把它看得很困难，一味找借口来逃避。这种懦弱、胆怯的表现，使你退缩，不能坚持到底，是很可惜的。

第二，失去贵人的襄助

　　三国时代刘禅，为人胆怯无志，什么事情都不敢承担，只是安逸害怕，没有一展鸿图的抱负，在战胜的关键时刻竟然撤兵。纵有诸葛亮、蒋琬等文臣良将忠心辅佐，最后也只有把江山拱手让人。这样的人，就算你花费再多的心血助他一臂之力，有再多的贵人也无可奈何，终究是扶不起的阿斗。

第三，失去精进的力量

传说老鹰是世界上最长寿的鸟，它们从荆棘窝中长大，40 岁时，还要飞到高空绝壁上，自己撞石头除去旧喙，拔除爪甲和羽毛，重新生长，才能再活到 70 岁。动物如此，何况是人。很多人读书、考试、做事，甚至游戏、比赛，都会自我勉励："再加一把劲""再努力一点"，他就会成功。但是胆怯的人，什么都不敢向前，什么事都觉得不成、不妥、不可以、没有办法，这就失去精进的力量，失去突破的勇气。

第四，失去得度的因缘

过去有个人跌到山崖下，抓住墙壁上的树藤，祈求佛陀救他。佛陀说："你把手放下，我就能救你。"由于他胆子小，不敢把手放开，佛陀也无法救他。这就是说，有好的因缘，只要勇敢向上，只要精进修行，可以成佛做祖，但是因为胆怯，叫他参禅他不敢参，叫他念佛他不敢念，叫他苦行他不敢修，没有力量，最后都失去得度的因缘。

胆小的人是怯弱众生，无所作为，要改变这样的习气，就要学习菩萨的大慈、大悲，大勇敢的精进力，发起大愿心，所谓"天下无难事，只怕有心人"，有再大的困难，也能乘风破浪，勇敢度过。怯弱的人，要自我勉励去除以上胆怯四害。

读书四要与四忌

　　有上进心的人，无不希望自己进步成长，读书就是重要的法门。一个健全的家庭，少不了书香；一个健全的社会，全民无不以读书为建设方向。怎样读书，才是有效地吸收进步呢？以下这读书四要与四忌，可以作为参考：

　　第一，要深入

　　有些书你不能用"不求甚解"的态度来读，不但无法吸收书中精华，也无法真正了解，而是要深入提纲挈领、归纳、分析，并且记下读后感，才能真正转化成充实自己的养分。

　　第二，要怀疑

　　佛教有谓"小疑小悟、大疑大悟、不疑不悟"，意指你可以从怀疑入门，去除疑惑，也就心开意解了。读书也是，你能小疑则小进，大疑则大进，却不能道听途说，否则"尽信书，不如无书"。因此求知的态度，应该在疑处求解，在不疑之处求实证，这才是求学之道。

　　第三，要虚心

　　经云"佛法在恭敬中求"，读书做学问亦然。若心中固执、傲慢、不肯虚心探讨接受，再好的学问、知识，也都不能为你所用。

第四，要耐烦

广大精深的学问，非一日可得，必须耐烦有恒，才能通达。宋朝陆游对儿子说："古人学问无遗力，少壮功夫老始成。纸上得来终觉浅，绝知此事要躬行。"指的就是要耐烦、实践，亲身加以思维印证，读书才能通晓。

另外，关于"读书四忌"有：

第一，忌粗疏

有些人读书，看似知识丰富，百家皆通，但只要和他言谈，便晓得他对问题只是浮光掠影，略懂皮毛而已。所以圣贤也告诫我们读书要"博学之、审问之、慎思之、明辨之、笃行之"，千万不可粗心疏忽，一知半解。

第二，忌空泛

读书，不能只是在文字、理论上空谈，而不落实在日常生活之中。最重要的是实践，将所吸收的知识身体力行，才不致成为一个了无用处的"书呆子"。

第三，忌盲从

做人可以无我，但读书要有我。读书若无我，没有经过自己的思考、消化，终究拾人牙慧而已，尤其人家怎么讲，你就怎么信，这是非常危险的。所以读书要有我的慎思与明辨，才能有独立的思想出来。

第四，忌武断

读书未经消化，容易造成武断，自我执着，自我膨胀。如同覆盖的杯子，装不进任何法水，即使再好的知识，受用仍是有限，所以读书应保持学无止境、虚心求教的心态，才能有所成。

待人四法

"人同此心，心同此理"，人际相处，谁都希望别人以"和蔼之容""谦抑之气""恭敬之心""赞美之言"待你，那么自己也应该以此待人；能够"将心比心"待人，才能获得人和。"待人四法"说明如下：

第一，以和蔼之容见人

和蔼之容最亲切，最能赢得别人的好感；反之，严肃而冷漠的面孔，令人退避三舍，不敢恭维。因此我们每天出门，要把自己的心情调整好，即使有不愉快、难过、生气的事，也不能显露在脸上，不要把自己不快乐的情绪感染给别人；能以和蔼之容见人，别人必然也会报以善意的笑容。

第二，以谦抑之气处人

人和人相处，最忌摆出高姿态，一副财大气粗、盛气凌人的样子，如此即使你有再多的钱财、你的地位再高，别人也不会理睬你。做人要谦虚，要待人以诚、待人以礼，能够谦虚自抑，反能更显自己高尚的内在涵养。

第三，以恭敬之心待人

"三人行，必有我师焉！"人虽有智愚，但人格的尊严没有高低；

再说，愚者千虑，也有一得。因此，我们待人，哪怕对方是一个没有学问、没有能力的人，都要心存恭敬。所谓"敬人者，人恒敬之"，人和人能相互尊敬，家庭才会幸福，社会才能和谐。

第四，以赞美之言和人

人都喜欢戴高帽子，也就是希望听到别人赞美自己的好话。我们赞美别人，就是给人欢喜；赞美别人，能够消除人际之间的隔阂。赞美别人，自己也不会因此缺少什么，何必吝于对人赞美呢？所以，我们要想与人和平相处，学习很多赞美的言词，并且经常把好话挂在嘴边，并且常做好事、常存好心，人生必然一帆风顺。

语云："诚于衷，形于外"。待人和善的人，必有一颗善美的心，必是一个有修养的人。

吸收四不

食物必须经过吸收，才能提供身体有益的养分；学习没有经过吸收，就无法灵活地运用。在这个日新月异的时代，吸收各类新知，是现代人的重要功课。但是，如何吸收才能达到效果？有四点方法：

第一，不执己见

固执己见的人，不容易接受真理，如同覆盖的杯子，装不进任何法水；即使再好的知识，受用仍是有限。《大乘起信论》云："一切邪执，皆依我见。若离于我，则无邪执。"学习任何事物都要抱着"觉今是而昨非"的胸襟，随时调整改变，才能"与时俱进"地跟上时代脚步。

第二，不存偏见

一个人生病了，吃药打针也许就能痊愈，但是思想中了偏颇的毒素，就很难治愈。有些人固执自己的经验、学问，以成见、偏见看待世间事。甚至遇到任何事物，不究其好坏，只要与自己所知相违，就立刻产生对立与无明，结果反成所知障。僧璨大师说："至道无难，唯嫌拣择，但莫憎爱，洞然明白。"做人、处事必须"如器受于水"，如果心中有先入为主的偏见，就像盆子里有洞，即使天降甘露，也会流失。

第三，不参杂见

人的思维很复杂，三个人可能就有多种看法。有人问一位禅师："读经典时，遇到艰涩不懂的字，怎么办？"禅师回答："查字典就好了。"许多事我们不必想太多，可以把它单纯化。见解、看法多不要紧，但不要复杂、琐碎，能将世间万物提纲挈领、化繁为简，才能吸收良好且运用自如。

第四，不漏善见

在生命旅程中，影响我们的因素很多，一个念头、一个看法，可能都会产生天壤之别的变化。佛教重视正知正见的养成，一个观念可以影响一个人的价值判断，甚至决定未来的命运，如《华严经》所说："正见牢固，离诸妄见。"因此，我们要吸收美好、善良的观念，才能建立美满幸福的人生。

世间有很多东西，如知识、技术、科技等，是我们应该吸收的，但更要吸收慈悲、道德，才能得到人生真正的财富。

企业家的四业

一个企业团体要获得成功，关键不在于人员的多少，而在于管理者如何在自我发展与成就中寻找立足点，使企业组织里的每一成员，都能同心同德、尽心尽力地坚守自己的岗位。以下提出企业家的四业——专业、职业、事业、敬业；这些都是企业迈向成功的关键。

第一，要有专业的知识

专业知识，是衡量一个领导者是否有能力的重要依据之一。好比你开一家电子工厂，就要有电子专业知识；开一家木器工厂，则要对家具、木器有专业知识。掌握了相关的专业知识，才能对管理的项目、经营的方针进行有效的评估与合理的选择，也才能对部属和员工作正确的指导。

第二，要有职业的道德

做一个企业家，眼中不能只看到一时的利益，所谓"职业道德"是很重要的。比如企业之间有竞争，但也要有适度的合作，过度的竞争，只会使群体面临两败俱伤或全军覆没的危险。其他如生产过程中所产生的空气、水源、噪音等污染，或产品中不良成分对人体所造成的污染，都要尽力避免。

第三，要有事业的理想

做一个企业家，必须有事业的理想。例如竞争力要如何提升？事业要如何造福国家社会？如何造福全人类？怎样提高国家外销能力？怎样带来国家外汇等，都是开创事业的理想蓝图。有了理想，就能订定明确可行的事业生涯规划，为将来立下美丽的远景，立下可向往的圆满目标。

第四，要有敬业的精神

《周易》云："天行健，君子以自强不息"，作为一位成功的领导者，要有一种自强不息的事业心，要给自己一股内在的压力，兢兢业业，为国为己，把自己有限的生命，投入到为社会、为人民创造福祉的事业中，才是一个标准的企业家风范。

现代的企业界，已经有自省的意识，无论是"执行力"或是"学习力"各方面，皆能不离"专业"与"敬业"的观念及态度，也大多明白唯有健全"职业"道德，才能完成"事业"理想。

领导的四要

做人有时候要被人领导，被人领导也要有被人领导的条件，比方说勤劳、对人和谐、尊重、服从。相对的，一位好的领导者也要有条件，若不具备领导者的条件，是无法领导别人的。领导者的条件是什么呢？有以下四点意见：

第一，要为大众谋求福利

要想做一位好的领导者，若只是为了自己的私利在计较、讲究、贪财，此等人是不够资格做一个领导人的。能把大众所希望的，看作是自己的希望；把大众所要求的，看成自己的所需；照顾大众的福利，把大众的福利，看得比自己的利益更重要，才是领导的第一要。

第二，要为大众减轻负担

对待自己的部下，不能过于机械化，给予过分的负担。你分分秒秒地工作，做事做事，吃苦吃苦，久了，容易心生厌倦，就算再坚强的军队，久战之兵也会疲乏。因此，领导人要尊重人性，顺乎人情，体谅大众也需要休息，休息之后，才会有更大的力量去精进。

第三，要为大众计划未来

人是活在希望里，希望会给人无比的力量。带一个团体，要让团体里的人有希望、有前途的感受。一位领导，其所跟随的部下，若常觉得前途渺茫，没有希望，他怎会在工作上积极、努力？领导者若只计划自己的未来，没有替大众计划未来，没有奖励，没有安排大众进修，没有鼓励大众学习，没有给大众提升境界，这是很失败的领导。因此，能为大众的未来设想，多给人机会，必定是一位优秀的领导者。

第四，要为大众担当责任

领导者最大的问题就是不敢担当责任，全交给部下，他虽表面上承担，心里却充塞着不服气。三国时，魏国将军王旭、陈泰先后兵败，大将军司马懿却自己将责任承担下来，自认过错。习凿齿在《汉晋春秋》里评论："司马大将军引二败以为己过，过销而业昌，可谓智矣。"大众忘了司马懿的失败，反而想到如何戮力报答。身为领导者，部下有所失误、缺陷，能替他担当，必定心怀感激，往后若领导让他做任何事情，都会尽忠尽义。

老子说："夫唯不私，故能成其私。"不想从别人身上取得东西，才是真正的大取。身为一位领导者，能够时时心系大众，要有"为大众"的性格，如此才会使大众心悦诚服，尽忠职守。

领导者四事

领导者，他要德能兼备，属下才会服气；被领导者，也要有才学，领导者才能对你欣赏提拔。到底怎么样做一个领导人？佛教里有一部《法句经》，里头告诉我们，做一个领导人要注意以下四点：

第一，统理万民，毋枉毋滥

统理大众的时候，身为领导者，"毋纵"是他的职责，不可以有虚浮不实的地方，但也必须基于"毋枉"的立场，谨慎查证，不可冤枉滥罚。另外，所谓"将不可吝，吝则赏不行，赏不行则士不致命，士不致命则军无功"，应该赏予的福利，就应该给予，如此才能激励上下士气。

第二，常思善法，恒做功德

佛说："心净则国土净"，做一名领导人，每天所思，都以大局百姓为前题，每日所想，都是好事善法，就能带领大众追求幸福美好。例如如何不断给人欢喜，谋求大家的福利，让大家信任，让人民依靠。让自己有机会服务他人，做利益众人之事，所有的行为表现出来的，都是功德。

第三,重用贤能,接受谏言

观察一个人,要如同孔子所说:"视其所以,观其所由,察其所安。"能不能做好一个领导人,也要看他能不能时常听取他人的善意谏言。能有一颗敏锐的心,去聆听很多的声音、不同的建议,尤其听得进忠心贤能者的意见看法,并且修正,可以说是身为领导者的重要条件。

第四,财富欲乐,与民共享

一个领导人,他的待遇等各方面都会比人好一点,也会受到别人的尊重。因此,该与人共享时,就要放开胸怀,与人共享,而不是凡事都要据为己有。抱着共享、共有的雅量行事,才是一个有承担、有情义、受得起、给得起的领导者,那必定受到拥戴。

做一个领导人,也不一定专指国家领导人,乃至一个企业团体、一个机关团队、公司行号,哪怕是一个家庭,都可以注意这四事,他就能获得人心,成为一名优秀的领导者。

毕业四是

　　每年学校都会有固定的学年行事,举凡开学、活动、放假、毕业,对于毕业生而言,毕业不是学习的结束,而是学习的开始,所以,有"毕业四是"的建议:

第一,不是自我完成,而是进取目标

　　人生要不断地学习,才能激发动力;要积极进取,才能开创美好的前途。所谓"生也有涯,知也无涯",在学校里所学还是很有限,好比考试成绩优良,未必懂得如何在生活中运用;技能出众,未必懂得做人处事的三昧。因此毕业以后,更要立定目标,进取不懈,比方设定目标要把人做好,要把事情做好,甚至要尽到身而为人的责任。

第二,不是所学皆办,而是扩大实践

　　有的人以为毕业了,一切就都完成了,所做皆办了,其实不是,应该记住:在学习的阶段中,还没厘清的道理,要主动再去求知;还没达成的目标,要努力再去进行。过去的学习是"知",现在的学习是"行",所谓"知行合一",才是通盘的学习。

第三,不是平凡受者,而是富有感恩

　　过去因为知识的不足,所以我们要接受教育,仰赖父母的指

正、老师的教导、朋友的提携。现在我们毕业了，不再是一个知识上的穷人，要开始学习感恩。感谢过去来自各方的恩惠，才能成就我今日知识上的富有之身；不再只是一个接受帮助的人，所以开始懂得回馈社会、帮助大众。

第四，不是个体独立，而是融入社会

毕业不是就此脱离社会，成为"个体户"，不是"我喜好什么、我爱什么、我要什么，只要我喜欢，有什么不可以？"大众群聚的社会，凡事不能只讲究个人，要知道所有一切的成就，都是有因有缘、其来有自，要因缘具备才能发挥力量。所以人要融入社会里，跟着大家共同成长，才能有所成就。

学校的学习只是人生中的一小部分，学校的学习告一段落，并非人生的学习就此停止，生命之轮要持续转动，生命才能生生不息。

做人四不可

人人心中都要有一把尺，以衡量事物的权宜轻重。明朝哲人吕坤说："处人不可任己意，要悉人以情。处事不可任己见，要悉事之理。"意喻凡事有所为，有所不为，行动前要善观时势，多以他人利益作优先考虑。做事如果没有习惯先深思熟虑，一意孤行，不但害己也是害他。以下提出做人处世四不可：

第一，不可任耳目之娱

五彩缤纷的花花世界，令人眼花缭乱，声色犬马固然热闹精彩，一旦深陷就难以出离。老子说"五色令人目盲；五音令人耳聋；五味令人口爽；驰骋畋猎；令人心发狂。"因此面对耳目之娱，更应该要有警觉提防的自持。

第二，不可说虚妄之言

虚妄之言很容易发生在售票口，例如为人父母者，为了省下门票钱，把就读小学的小孩说成是幼儿园；明明是大学生，却要买学童票；甚至为了老人票的年龄权限，可以和售票员大吵一番。目的只是为了一些蝇头小利，却把做人最基本的"诚实信用"踩在脚下，让膝下儿女看在眼底，如此身教，实在划不来。

第三，不可揭他人之短

清代文人阎循观云："知人有三：知人之短，知人之长，知人短中之长，知人长中之短。"知人长处，可作为自己的榜样；知人短处，可作为自己的借镜。人无法完美无缺，即便是一个恶贯满盈的人，我们都要想办法找出他的优点，并加以宣扬。宣扬人家的短处，逼人于穷途末路，非但无丝毫利于己，更显出自己的器量狭小，何苦来哉？

第四，不可炫自己之长

人人都是第一，因人人皆有自己独特的长处与特质，无法与他人比较，他人也无法替代。有句话说："当得意时，须寻一条退路，然后不死于安乐；当失意时，须寻一条出路，然后可以生于忧患。"人一生的遭遇有起有落，当失意时，要相信有时来运转的一天；当得意时，也莫须太过炫耀自满，才能真正得到他人心服口服的赞叹。

对人，常说"可"，为人留下后路，为自己结下善缘；对己，常说"不可"，一则防非止恶，再则韬光养晦。

执政者四如

现今社会很多的公务员，可以说都是当政者、执政者。公务员在行政行为里所包含的权力和道德观，都会直接影响到全民福祉乃至国家兴衰，其所负担的责任是社会大众所信托的，是社会人民的公仆；乃至民众也常会"以吏为师"。因此，当政者、执政者在心灵上应培养正确的价值观，对工作应该要有强烈的责任感与荣誉心。谨提供执政者四如贡献给大家参考：

第一，执法如秤

秤是平衡、计算物质轻重的利器，用于譬喻执政者执法的时候，应该公平允当，正直无私。如三国时代诸葛亮所言："吾心如秤，不能为人作轻重。"引申意谓"君主犯法与庶民同罪""法律之前人人平等"，绝不会因人事异地而有差别，倘若执政者徇私舞弊，必然会招致民怨。所以，公务员应勤政为民、执法如秤。

第二，守身如玉

公务员是执行国家法令、从事国家行政事务的能者，他为人民谋求福利，可说是人民的公仆；尤以每位人民代表的产生，皆是从数万人民手中神圣的一票而当选的，更可说是选民心目中的模范代表。为了不辜负选民的心意，执政应该守身如玉，操守清白，表里如一，才能堪为大众的模范。

第三，爱民如子

古人云："为政以德，譬如北辰，居其所而众星拱之。"又说："得人心者得天下""得民者昌"。所以，执政者要以谋取老百姓的幸福，来展现自己伟大光辉的政绩。

第四，去贿如仇

自有人类历史以来即屡见不鲜，一些从政的官员有为己徇私、贪赃枉法、买官卖官等严重失职渎职的行为。这些行为都是社会风气败坏的最大杀伤力，是导致社会纷乱的祸害。所以，公务员要去贿如仇，才能树立为民谋福的典范。

犯罪学家雷克利斯曾说过："当具有良好的外部遏制和内部遏制能力时，就能约束人们不致产生犯罪行为；当外部遏制和内部遏制减弱甚至消失时，犯罪行为就会发生。"也就是说，一个人若有良好的自我观念，则生活在一个足以诱导其犯罪的环境中，亦能发挥绝缘作用。所以执政公务员，食民之禄，求利当求天下利，奉公守法，勤勉清廉，不为利诱，不为势劫，以建立个人清净的操守，以高尚的品德和行为影响广大群众，为民谋福。

法官四要

所谓"法官"，不一定指在法院里评判执法的人，才叫作法官。平时，父母是家庭里的法官，老师是学校里的法官，大众是社会的法官。当然，法院里评断是非的法官，更是法官。不管身为哪一种法官，有以下四个要点提供参考：

第一，亲切倾听，有理能诉

有时候，儿女向父母解释，父母不听；学生向老师申诉，老师不听；当事人向社会大众说明，大众不听；法院里的被告，要向法官申诉，但有些法官态度显得厌烦，缺乏耐心，让那些初上法庭的人不敢讲话。因此，身为一个法官，必须态度和蔼，亲切倾听，让诉说者能把理由讲完，才能做公正的评判。

第二，温和发问，从容回答

即便是父母质问儿女，老师质问学生，法院里的法官质问被告，都要避免以"我是父母""我是老师""我是专家""我懂法律"这种自大傲慢的态度对待人，或者用冷峻的面孔、严格的态度，要求对方回答。有时这样的质问，不仅很难让对方愿意回答问题，甚至会引起反效果。所以，做一个法官，发问要温和，才能让对方从容回答。

第三，冷静求证，免成冤狱

再明理的父母，也有不了解儿女的时候；聪明的老师，也不免有误解学生的时候；力求公平正直的法官，更要避免冤狱的产生。因此，无论是家庭中的父母，学校内的师长，或是法院里的法官，都要客观观察、冷静求证，才能免除错误评判的发生。

第四，公平审判，大家心服

宋朝的包拯，人称"包青天"，因为他不畏权贵，执法公正。所谓"法律之前，人人平等"，做一个法官最重要的是，在真理之前，一定要公平公正。因为不公平就失去了立场，不公平便无法让人服气。无论面对任何人，法官的审判要能明决，不可以另存私心。

法，可以维护一个人的权益；法，可以维系一个团体的和谐；因此身为法官者，这四个要点，值得注意。

主管四要

有人以为，身为主管，就可以免得被人命令，受人的气。其实"主管"也不是那么好当的，他不但要有管理能力，还要广涉知识，具备种种条件，才能获得向心力。有哪些条件呢？有以下"四要"：

第一，对部属要爱护

做一个主管，对部属，你要爱护他、尊重他。吴起领军，与兵士同榻而眠，同桌而食，而且嘘寒问暖，为吮脓血，官兵都肯为他赴汤蹈火，在所不辞；李广带兵，在饥乏之际，发现泉水，不待士卒尽饮，必不近水，不待士卒尽餐，必不尝食，大家都乐于为他效劳卖命，出生入死。因此，主管对部属多加爱护，他自然更加感激、感动，全心付出。

第二，对他人要尊重

做主管者，不但对部属尊重，对任何来往的人，也要给予尊重。你尊重他，他就会有工作的尊严，有奉献的诚意，有发心的喜悦，有付出的价值。所以说，受人尊重，比拿钱财还重要。有了尊重，才有感情；有了感情，才会投入。尊重，会使得上下之间，彼此欢喜，工作和谐。

第三，对行事要厚道

所谓"居心宽大，条条大道；待人刻薄，处处荆棘"。做一名主管，做人不能太刻薄，你为人刻薄，部属自然不会真心拥护，倘若你待人厚道，关心他、满足他，身体不舒服，让他放一天假；家里有急事，给他一些方便，他心中充满感激之情，工作也会更加卖力。总之，对人宽厚，多替别人着想，必定得到帮助。

第四，对生活要正常

做主管的人，当然上下班比别人自由，也不会有人管你。但是，为人主管，不要以为没有人管理，就可以随意任性。所谓"君子十目所视，十指所指"。该上班的时候，跟大家一起上班，该工作的时候，跟大家一样认真工作。衣食住行，进退有度；行立坐卧，生活正常，身教重于言教，部属自然真心向你，归心拥护你。

有谓"红花必须要有绿叶的陪衬，才能显出整体的美感；明月必须要有众星的点缀，才能表现夜色的美丽"，身为主管，也必须要有属下的拥护，才能发挥集体创造的力量，成就一番事业。

主管四不

现今是一个讲求管理的时代：有企业管理、社会管理、人事管理、政治管理，甚至知识管理等，不论是管理或者是被管理，"管理"都是必修的一门课。做一个领导人或是主管，必须具备做主管的条件。以下"主管四不"，可以作为参考：

第一，遇才不妒

作为一个主管，直接面对的就是部属。部属杰出，你应该庆幸，拥有优秀的人才，能为你所用，而不是嫉妒他的才能。甚至你要基于爱才之心，给予提拔、赞美，给予空间发挥所长。你若嫉妒他的才干，对他加以刁难，处处打压他的工作空间，他必定不会为你所用，更不会为你效命，最后，受到损害的还是自己。

所以，一个好主管应不断地提拔人才，给他足够的挥洒空间，努力开发他的潜能。好的人才能为你所用，又能增加自己的工作效益，如此才能创造一个双赢的局面。

第二，有过不避

身为主管者，除了知人善用外，不可推诿过失。如果将工作上的疏失推给部下，这样的主管不会受到部下拥护，当然也无法长久任职。相反的，如果属下犯了过错，应当视情况给予自新的机会，辅导他、鼓舞他走出错误的阴影，迎向光明的未来。最忠诚的部属，往往就是曾经失败，并且受到主管的宽容与教导者。

第三，当仁不让

好主管不但要有责任感，还要能见义勇为。凡是有意义、需要负责任的事情，自己应该身先士卒地承当起来，以作为部属的表率。这样，对于整体工作环境，具有提振士气的作用。而一个好的管理原则，就是要懂得"心的管理"，所谓"带人要带心"，只要主管能以身作则去做，部属看在眼里，自然对你产生向心力，这才是一个事半功倍的管理方法。

第四，立功不居

做一个主管，不论立下了多少功劳，一定要有一个观念，想到："这个功劳是大家成就的，应该给大家分享"。佛光人的信条之一就是"光荣归于佛陀，成就归于大众"，因为所有事情的成就，都是仰赖众缘和合而成，绝非靠一己之力所能完成。因此，成就是归于大众，而不是归于个人。主管者具有如此观念，工作团队才能和谐。

担任主管的工作，具有挑战性而又相当辛苦，不但必须具备管理能力，还要懂得心理咨商、沟通协调、人际关系的掌握等。所以，当下属的人，不可随意批评主管，主管也不应刁难属下，大家都能站在对方的角度，去关心、去理解彼此的立场，自然减少磨擦，工作效率才能提升。

主管四莫

身为主管，你的言行举动、处事态度，对于部属都有示范的作用，也都是部属依循的准则，直接影响整个团体的进步发展。有一句话说："态度决定一切！"因此身为主管，切莫拘泥于自身的观念思想，应以大局为标准，才是该有的态度。以下四点，提供作为领导哲学的参考：

第一，事烦莫惧

身为主管，事情难免烦多忙碌，有能干的主管，懂得在琐碎繁重的事情当中，将之单纯化。反之，做事没有条理，不懂得化繁就简，就像无头苍蝇，瞎忙一通，不但达不到功效，反而因事烦而生惧。事烦莫惧，惧不能宁，唯有懂得将繁琐的事物简单化，越容易取得成功。

第二，因果莫负

既为主管，说话或行事理当明因识果。你若因果不明，做事则会毫无原则，因为一切都在因果循环中。你看，周幽王为得褒姒一笑，以烽火戏诸侯，招致西周王朝结束；你看，吴三桂因一怒为红颜而引清兵入关，致使明朝江山易主，而得千古骂名。古训"平生莫做皱眉事,世上应无切齿人"。要令部属不切齿于你,你的所做所为都应莫负于因果。一切言行能够遵循因果原则,自可以事理一如。

第三,是非莫辩

人际相处,免不了是非争论,被人错怪、误解,一般人总惯于百般辩解,以求清白。其实"好花不怕人谈讲,经风经雨分外香;大风吹倒梧桐树,自有旁人论短长"。是非自有公论,不必急于争一时的公道,清白自在人心。为人主管必须身先士卒,带头模范,要能"不诽谤他人,亦不观是非;但自观身行,谛观正不正"。如此,自可改非为真,带动团体的和谐氛围。

第四,操守莫亏

不论古今中外、时空移转,为人主管者,最需要具备的就是清廉自持、端正操守的条件。《晋书》记:"大丈夫行为,当磊磊落落,如日月皎然"。身为主管,能够扪心自问而无所愧怍,而不亏于操守,自然会产生无比的勇气,事情才能顺利成功。反之,自己行为不全,不知自爱,毫无诚信,决策常常左右摇摆,有私心、弊端,部属如何对你产生信心?因此,只要你心地坦荡、清廉自持,莫亏于操守,自能无所畏惧,且获得部属的信任,必定能上下一条心。

主管难为,非也!只要你的观念思想、处事态度莫惧、莫负、莫辩、莫亏,自有一股动力推你走向进步。

读书四法

　　读书，不一定是学校的学生才要读，在社会上工作的人，乃至家庭主妇，无论男女老幼、各行各业的人都要读书。读书，才能增加知识学问，才能突破工作障碍，才能扩展自己、升华自己。所以一个人的进步，要不断地读书求知，心境才能不断地成长。谈到读书的方法，有四点意见：

第一，眼明，则巧于摄受

　　在现今信息如洪流的时代，如何用最短的时间获得最多的资料快速阅读。所谓"一目十行"，意思就是读书的时候，要眼明心快，心思集中。有人看报纸，一叠厚厚的内容，翻阅之后，便能迅速地抓出重点，了解大意，这就是善用眼睛，巧于摄受。

第二，手快，则易于剪裁

　　会读书的人，看到好句子、好道理，就懂得赶快记录在笔记本里，因为这样，才容易理解记忆。能把书本、报刊、杂志上的好词句、内容剪辑下来，并且归纳、分类、组织，借此吸取他人宝贵的体验，就能成为自己的智慧；如同训练的精兵，必要的时候，随时都可以为你所用。

第三，心细，则精于分明

有位作家说："学问之事，功夫要精密，解悟要透彻。"读书的人，除了眼睛要快，琅琅上口，假如不加以用心，所谓"视而不见，听而不闻"，对学问的增进，也是没有帮助，就像"贫人数他宝，自无半毫分"，实在可惜。因此，读书要用心、细心，才能瞻前顾后。所读的好书，经过你的眼睛，透过你的思想，经过你的口诵，才能念念分明，记忆清楚。

第四，胆大，则决于去留

读书求知识，也要能胆大心细，懂得取舍。每天有太多的资讯要看，许多的书籍要读，如果没有大胆作一个取舍，什么东西应该要记住？什么东西可以舍去，读书就会成为犹豫不决的难题。哲学家培根说："有的书只需浅尝，有的书需要狼吞，少数书则要细嚼，才能消化。"所以，读书，要大胆地决定去留，才能采得智慧。

读书要以融通为主，方法和技巧为辅；读书要以勤、熟为功效，再以用心、下手为实际，这"读书四法"，可以作为参考。

沟通四要

科学家不断研发汽车、空调、冰箱、电视机等用品，可以说今日是一个科学昌明、物质发达的时代。相较于增进人生享受的创造发明外，也有很多的学者、知识分子，提出比物质更重要、对大众更有益的主张，如交流、沟通等，这在人际关系上是很重要的。人与人有了交流、有了沟通，才能相互了解，促进感情，彼此才能和谐相处。因此沟通有以下四个要点：

第一，要放下成见

人际间的沟通，不可以用个人的成见来对谈。你有了设限、有了成见，就难以协调了。等于杯子装满了水，其他的水，自然倒不进去；也好比路上的栅栏，有了阻碍，往来就难以通畅。因此，与人沟通前，要能先放下成见，没有设限，让彼此间都能感受对方的诚意，双方就容易达成共识了。

第二，要专注聆听

如何有效地与人沟通呢？很多人，看起来是沟通，却只是口沫横飞地发表己意，别人一点开口的机会都没有，也不顾对方的感受与困难，如此哪里是沟通呢？沟通时，要注意聆听别人的意见，多听他说的道理、重点、需要在哪里？能够善听、谛听，听得出对方真正的意思，才达到沟通的效果。

第三，要双向交流

所谓沟通，并不是皇帝下圣旨，也不是长官下命令，更不是各抒己见，各自表述。沟通是要彼此交换意见，开诚布公地把自己的思想、观点、需要，传达给对方，这才是双向交流。如果沟通不良，相互叫嚣、批评、指责，弄得疑云密布，彼此我执、法执，不愿放下各自的利益，不肯相互退让，那自然只有不欢而散了。

第四，要皆大欢喜

沟通最重要的目的，是要双方获益、皆大欢喜。如果只是一方欢喜，另一方不欢喜，这就失去了沟通的意义。沟通也不是要征服对方，让对方屈服于自己的意见，而是彼此满意，利益均沾，创造所谓双赢的结果，进而相互合作、互相融合，这才是最佳的沟通。

有时候，人跟人之间争端的起因，只是欠缺良好的沟通，却付出惨痛的代价。因此，沟通不仅是语言的表达，能够正视彼此真正的需要与落差，诚心往来，解决问题，这也是慈悲、宽厚、仁义、善意、利他的表现。